*Der Allgeist GOTT spricht unmittelbar
durch Seine Prophetin in unsere Zeit hinein
Er spricht nicht das Bibelwort*

Der Allgeist,
GOTT,
spricht unmittelbar
durch Seine Prophetin
in unsere Zeit hinein

Er spricht nicht das Bibelwort

Verlag DAS WORT GmbH
DER UNIVERSELLE GEIST
LEBEN IM GEISTE GOTTES

1. Auflage 2000
© Verlag DAS WORT GmbH
Max-Braun-Straße 2
97828 Marktheidenfeld
Tel. 09391/504-135, Fax 09391/504-133

Internet: http//www.das-wort.com
e-mail: info@das-wort.com

Alle Rechte vorbehalten.

Druck: Joh. Walch GmbH & Co., Augsburg

ISBN 3-89201-126-5

Inhalt

Einführung 7

ICH BIN, und du bist in Mir, urewig – und du kehrst zurück durch Christus 13

Den einen Gott verschmäht ihr – und glaubt an die ewige Verdammnis. Ich Bin der Gott der Liebe! Die Erde ruft Mich, den Schöpfer, um Erbarmen 39

Wer Mich kennt, der geht an Meiner Hand 65

Seid ihr Hörige dem Gott der Unterwelt und seinen Göttern? 77

ICH mache alles neu 101

Wenn die Stunde schlägt 125

Laß werden, was in den Himmeln ist! 143

Sprecht ihr die Spreche der Liebe? 155

*Die Welt spricht von Frieden.
Wo ist der Friede?* 167

Wo steht ihr? Zu Meiner Rechten? 185

*Seid ihr wahre Christen in Meiner
Nachfolge?* 201

*Willst du Mein Jünger, Meine Jüngerin
sein?* 217

Spürt MICH gegenwärtig in euch 235

*Gott atmet den Fall zurück. Das wahre
Leben tut sich auf* 249

Anhang 267

*Der Allgeist, GOTT,
spricht unmittelbar durch Seine Prophetin
in unsere Zeit hinein*

Er spricht nicht das Bibelwort!

Einführung

Jesus von Nazareth hatte durch Sein Wirken eine *Innere Religion* ins Leben gerufen. Als aufgrund der Entwicklung des Christentums in die Veräußerlichung wiederum eine Erstarrung des religiösen Lebens, eine Abkapselung vom wahren urchristlichen Strom, eintrat, die jetzt, 2000 Jahre nach dem Erdengang des Christus Gottes, ihren Tiefpunkt erreicht hat, als zudem die zyklische Einstrahlung aus dem zentralen kosmischen Ur-Gestirn, der Urzentralsonne, die Rückführung des Falls anzeigte, kam im Auftrage des Ewigen wieder ein großer Prophet zu uns Menschen.

Dieses Mal ist es ein weibliches Wesen, eine Frau, Gabriele, die Lehrprophetin und Botschafterin Gottes für diese unsere Zeit, in der ein gewaltiger Umbruch und geistiger Aufbruch bevorsteht, die größte Zeitenwende seit Menschengedenken.

Über das Gottesinstrument, Gabriele, sprach der Cherub der göttlichen Weisheit, für uns Menschen Bruder Emanuel genannt, in seiner Offenbarung im Jahre 1998 bei einem Gastmahl u.a. folgendes:

Es ist an der Zeit, daß die Menschheit erfaßt, daß der ewige Geist, GOTT, in dieser mächtigen Zeitenwende den Himmel weit, weit geöffnet hat und einen Propheten, gleich Prophetin, sandte, die das ewige Wort der Liebe, der Wahrheit und des Friedens zu den Menschen brachte.

Wahrlich, ich sage euch: Jesus, der Christus, war der größte Prophet. Doch nach Jesus, dem Christus, ist das Instrument, durch das ich spreche, der größte Prophet. Noch nie war der Himmel so weit offen wie in dieser Erdenzeit ...

Durch Gabriele gab und gibt der Allgeist, Gott, der Christus-Gottes-Geist, uns Menschen Sein mächtiges Wort. Unsere physischen Ohren dürfen hören, was unsere geistigen Ohren nicht mehr zu vernehmen vermögen: Gottes Botschaft an uns.

In unzähligen Offenbarungen bringen Gott-Vater, Christus und weitere Geistwesen uns Menschen u.a. das nahe, was wir benötigen, um uns wieder als die zu erkennen, die wir dem Ursprung nach sind, damit wir sowohl unsere persönliche Situation als auch den Zustand der Menschheit und des Erdplaneten zu erfassen vermögen und – mit der erlösenden, befreienden und führenden Kraft des Christus, die in jedem Herzen Wohnung genommen hat – wieder den Heimweg in das innere Reich Gottes antreten können.

Vor 2000 Jahren sprach Jesus von Nazareth: *Ich hätte euch noch viel zu sagen, doch könnt ihr es jetzt noch nicht fassen. Wenn aber der Geist der Wahrheit kommt, wird er euch in die volle Wahrheit führen.* Dies geschah und geschieht nun durch Gabriele. Sie gibt im Prophetischen Wort die allumfassende universelle Lichtsprache des ewigen Geistes in all ihren Facetten in unserer menschlichen Sprache wieder, in einer Tiefe, Klarheit, Prägnanz und Reichhaltigkeit, die in der Menschheitsgeschichte einmalig sind. Da Gabrieles geistiges Bewußtsein voll erschlossen ist, sie also im Gottesbewußtsein lebt, schöpft sie unmittelbar aus dem ewigen Strom und reicht uns Menschen die ganze Wahrheit.

Die 14 ausgewählten großen Gottesoffenbarungen – Offenbarungen Gott-Vaters und Offenbarungen des Christus Gottes aus den Jahren 1987 bis 1998 –, die in diesem Band zusammengefaßt und damit erstmals in schriftlicher Form veröffentlicht sind, wurden in der Serie *Der Allgeist, GOTT, spricht unmittelbar durch Seine Prophetin in unsere Zeit hinein. Er spricht nicht das Bibelwort!* in weltweiten Übertragungen und über Radio ausgestrahlt. Sie sind ein Geschenk Gottes, des Allgeistes, an alle Menschen, die Ihn in Seinem Wort annehmen und das darin Gegebene in ihrem Leben wirksam werden lassen möchten.

Gott gibt und gibt in Fülle. Gott bietet uns Seine Wahrheit, Sein Licht, Seine Kraft, Seine Aufklärung und Wegweisung, Seine Liebe an. Er möchte nicht, daß wir leiden und in Trübsal dahinvegetieren. Doch wir – jeder einzelne – haben die Freiheit, selbst zu entscheiden, ob wir das, was Seinem fürsorglichen Herzen für uns entströmt, annehmen möchten oder nicht. Auch hier gilt Sein Wort: *Wer es fassen kann, der fasse es. Wer es lassen will, der lasse es.*

ICH BIN,
und du bist in Mir, urewig –
und du kehrst zurück
durch Christus

Offenbarung GOTT-Vaters, 1990

Urewigkeit – Urewigkeit strömt durch das All, durch Raum und Zeit. Urewigkeit ist das Gesetz der ewigen Liebe, das Ich Bin von Ewigkeit zu Ewigkeit.

Urewigkeit – so strömt es auch durch dich, Mein Kind. Urewigkeit ist der Geist der Liebe und des Lebens, Bin Ich, der Allstrom – für dich, für alles Sein.

Siehe, aus Mir, dem Allstrom, manifestierte Ich Mich selbst und wurde euer Vater – denn aus ein und demselben Strom, der Ich Bin, schöpfte Ich auch euch, manifestierte Ich auch euch durch die geistigen Zeugungen, durch das Leben, das Ich Bin.

Mein Kind, du befindest dich nun im Erdenkleid – doch was ist schon die äußere Manifestation, die äußere Hülle, wenn dein Inneres im Lichte der Wahrheit steht?

Mein Kind, stehst du im Lichte der Wahrheit? Dann hat sich der Erlöserfunke mit Mir, dem Urlicht, geeint, und du bist wieder bewußt der Sohn und die Tochter Mein, deines Vaters. Solange du jedoch in den Trugbildern der Materie lebst, wendest du dich immer wieder ab vom Inneren Licht, von Mir. Deshalb kann so mancher Mensch nicht erfassen, daß Ich, der Ewige, zu den Meinen spreche.

Mein Kind, ob du zweifelst oder ungläubig bist – Ich rede. Denn Ich Bin der redende Gott tief in deiner Seele. Ich Bin der redende Gott in allen Sonnen und Gestirnen; Ich Bin der redende Gott in jeder Pflanze, in jedem Stein, in jedem Tier. Ich Bin der redende Gott in jedem Wassertropfen, in jeder Strahlung der Gestirne. Die Unendlichkeit, das Weltall, Bin Ich – und du, Mein Kind, trägst als Essenz die ganze Unendlichkeit, alles Sein, in dir, im Urgrund deiner Seele.

Mein Kind, erkenne die Tiefen deines Inneren Lebens, und erspüre Mich in dir! Werde dir bewußt: Du bist niemals einsam und allein! Die Urkraft und die Christuskraft wirken in dir und strahlen dich unermüdlich an. Wisse, Mein Kind: Du bist eingebettet in das mächtige All, das deine ewige Heimat ist – denn du bist ein Kind der Unendlichkeit, ein Kind des Alls.

Siehe, als Ich dich schaute, schuf und als Wesen des Lichts in die himmlischen Ebenen gab, habe Ich dir auch die Freiheit eingehaucht. Frei sein bedeutet, das Gesetz der Liebe, das Allgesetz, zu leben. Wer das Gesetz der Liebe, das Allgesetz, lebt, der hat auch absolute Bewegungsfreiheit in der ganzen Unendlichkeit. Dem reinen Wesen ist nichts fremd. Das reine Wesen kann jede Strahlung der Unendlichkeit benützen, weil jede Strahlung in ihm aktiv und somit vollkommen ist.

Durch den Fall, durch die Belastung der Seele, engte sich das Geistwesen mehr und mehr ein, nahm ab an Strahlung, wandte sich dem Eigenwillen zu, mehr zu sein als Gott – ja, Ihm ebenbürtig zu sein, um dann über Ihm zu stehen.

Dadurch schufen die belasteten Wesen ihr eigenes Gesetz, ihr nennt es das Gesetz von Saat und Ernte. Wer in diesem Gesetz von Saat und Ernte lebt, der ist sündhaft, und je mehr er sündigt, um so mehr wendet er sich vom ewigen Gesetz, vom Allgesetz der Liebe, ab – und somit von Mir, seinem Vater.

Der Vater, der Ich Bin, wird ihm dann fremd. Es ist ein Gott weit weg, eventuell sogar der strafende und züchtigende Gott – weil deine eigenen Ursachen wirksam werden und du sie Mir zuschreibst. Dadurch entstand Angst, Haß, Zwietracht und vieles mehr.

Immer mehr sündigten viele Meiner Kinder. Immer mehr woben sie sich in das Gesetz von Saat und Ernte ein. Immer mehr fielen sie, fielen sie und wandten sich ab vom Inneren Licht. Die Liebe, die Ich Bin, ging ihnen durch Propheten nach. Zu allen Zeiten sprach Ich durch Prophetenmund, weil viele der

Meinen, die sich im Gesetz von Saat und Ernte eingewoben haben, Mich nicht mehr verstehen, ja vernehmen konnten.

Ähnlich ist es auch in dieser irdischen Zeit, in eurer Generation. Würden die Meinen den Weg zum Inneren Licht wandeln, würden sie sich ihrer Herkunft bewußt werden, dann würden sie auch Mich, ihren ewigen Vater, erkennen, erspüren und bewußt im All-Gesetz der Liebe und des Lebens leben.

Erkennet: Solange sich Menschen von Mir abwenden, rufe Ich sie – und so auch Mein Sohn, der euer Erlöser wurde. Ja, Er wurde euer Erlöser! Ist euch dies bewußt? Ist euch bewußt, was Jesus von Nazareth auf sich genommen hat? Schlicht sagt ihr: „Die Sünden dieser Welt." – Den Ungehorsam vieler Menschen hat Er auf sich genommen, den Ungehorsam des Geschlechtes David und aus anderen Geschlechtern, den Ungehorsam der Juden. Denn viele, die mit Ihm im Erdenkleid waren, versprachen im ewigen Jerusalem die Einheit und die Verbrüderung mit Ihm für die ganze Erde, für die ganze Welt.

Mein Sohn kam; doch die Sünde lag über den Seinen, und die Sünde blendete ihr Auge. Sie sahen nur auf Blendwerk, auf Schein und Tand, und erkannten die Schlichtheit des großen Geistes in Jesus von Nazareth nicht. Auf daß die Seinen im Geiste der Liebe erwachten für den großen Auftrag der Erlösung, umhüllte Er sich mit einigen gegensätzlichen Kräften, vor allem Teilschulden aus dem Geschlecht David. Dadurch wurde Er für die Finsternis sichtbar. Sie nahmen Ihn gefangen, führten Ihn vors Gericht und beschuldigten Ihn der Sünde. Ich aber sage euch: Mein Sohn war makellos. Er diente einzig dem Gesetz der Liebe und Seinen Nächsten.

Und so diente Er auch auf Golgatha. Er diente, während sie Ihn ans Kreuz schlugen und erhöhten. Er diente den Menschen; Er diente dem Geschlecht David, das versprach, für das große Ganze einzutreten. Er diente den Juden, darunter viele aus anderen Stämmen waren, die im Auftrag standen. Er diente, auf daß sie ihre Ursachen rascher erkannten, um diese zu bereinigen und dann dazu-

sein für den großen Plan der Zurückführung, der Heimführung ins ewige Vaterhaus.

Meine Kinder, was geschah? Durch die Blindheit vieler Menschen wurde Jesus von Nazareth verhöhnt und verspottet bis in die jetzige Generation hinein. Was bedeutet für euch das Kreuz? Ist es für den einzelnen die Niederlage des Jesus von Nazareth? Dann betet er den Korpus an. Ist es für euch die Auferstehung? Dann blickt ihr einzig auf das Kreuz der Erlösung – ohne Korpus. Denn das Kreuz der Erlösung ist das Kreuz des Sieges – in Christus, für Christus und mit Christus. Wer zum Korpus aufblickt, zum Gekreuzigten am Kreuze, dessen Augen sind getrübt von Sünde, und damit huldigt er der Finsternis, die sich auf ihr Banner den Korpus geschrieben hat: die Niederlage des Nazareners.

O erkennet: Der irdische Körper wurde vom Kreuz abgenommen, denn das Vollbracht wurde gesprochen, der Erlöserfunke ging ein in die Seelen – doch der durchgeistigte irdische Leib wurde von Mir noch mehr in

Schwingung gebracht und in höhere Substanzen übergeführt.

Meine Kinder, kein Staubkörnchen von Seinem irdischen Leib ist auf dieser Erde – alles wurde in die Ursubstanz übergeführt, weil das Vollbracht aus der Reinheit Seines Leibes gesprochen wurde.

Doch was tat die Finsternis? Sie nahm sich wieder sündhafte Menschen, die geblendet waren – und sind – von eitlem Wahn, nahm das Kreuz mit dem Korpus und richtete und richtet es immer wieder auf. Damit will sie symbolisieren, daß Jesus Seinen Sünden unterlegen ist und daß die Macht der Finsternis die Herrschaft hat.

Wahrlich, Ich sage euch: Wenn ihr den Korpus am Kreuze anbetet und so zum Jesus am Kreuze fleht, dann gebt ihr einen Teil eurer Gebetskraft der Finsternis – denn das ist das Banner der Dunkelheit. Auf diese Weise wurde und wird Mein Sohn verhöhnt und verspottet, und die Blinden, die in der Sünde leben und die Sünde halten und aufbauen, erkennen den Unterschied nicht zwischen dem Kreuz mit dem Leichnam, dem toten Körper, und dem Kreuz ohne den Korpus.

Das Kreuz ist das Zeichen der Erlösung, ist das Zeichen der Auferstehung. Und so Meine Kinder in Christus auferstehen, tragen sie das Kreuz des Sieges über sich selbst, denn das Kreuz ohne den Korpus ist das Kreuz der Erlösung und das Kreuz der Auferstehung.

Bist du auferstanden, Mein Kind? Du hast die Erlösung in dir. Bist du in Christus auferstanden, indem du dich tagtäglich bemühst, Ihm nachzufolgen, die Gesetze Inneren Lebens, der selbstlosen Liebe, zu halten? Wenn nicht, dann drängst du das Licht der Erlösung zurück bis hin zum Glimmspan und huldigst weiter dem Sündhaften – und all jenen, die sich in der Sünde befinden.

Christus wurde und wird verhöhnt und verspottet. Viele trauern am Kreuz mit Korpus; es wäre besser, sie würden über sich selbst trauern und in der Trauer ihre Sünden erkennen, mit diesen sie tagtäglich Christus, das Innere Leben, kreuzigen – und letzten Endes sich selbst die Bürde des Kreuzes mit

Korpus auferlegen, denn sie huldigen nicht dem Auferstandenen, sondern dem Toten.

Meine Kinder, wie lange noch wollt ihr in diesen Trugbildern leben? Wie lange noch seid ihr von der Sünde gehalten, eure Augen getrübt? Wie lange noch wollt ihr euch in der Knechtschaft des eigenen Ichs bewegen – wie lange noch? Christus, das Innere Leben, euer Erlöser, wird vor eure Parteien gespannt wie ein Pferd vor einen Wagen, das die einholen und ziehen soll, die blindlings darauf hören, weil „Christus" oder „christlich" vor dem Wagen steht.

Wie lange noch wollt ihr blind sein und euren Bruder und Erlöser kreuzigen? Wie lange noch? Und so wird gesprochen: „Allein durch den Glauben werdet ihr selig". – Wenn das so wäre, wäre diese Welt heil und alle Menschen selig. Der Glaube ist der erste Schritt hin zum Inneren Licht. Das Vertrauen ist der nächste Schritt. Und es ist ein gewaltiger Schritt, wenn du dich Christus, deinem Erlöser, anvertraust – indem du dich bemühst, immer weniger zu sündigen, indem du dich bemühst, mit deinem Nächsten Frieden zu halten, indem du dich bemühst, zu vergeben und um Vergebung zu bitten und nicht mehr zu sündigen.

Dann erlebst du die Auferstehung in dir, weil das Erlöserlicht deiner Seele immer größer wird. Dein Bewußtsein erweitert sich; die Sünde fällt von deinen Augen; und du siehst klarer und siehst auch, wie Christus verhöhnt und verspottet wird. Einzig durch den Glauben werdet ihr nicht Sehende! Das Gesetz der Liebe macht sehend – und wer wahrhaft schauen möchte, der erfülle das Gesetz der Liebe, und er wird in das Innere Leben eingehen.

O erkennet, Meine Kinder, so lange spricht der Geist zu euch, bis ihr weitgehend frei von Sünde seid, um dann in den Strom, in die Urewigkeit, einzukehren, um wieder mit Mir von Angesicht zu Angesicht zu sprechen, so, wie ihr gesprochen habt, als ihr bei Mir im Heiligtum wart als reine Kinder der Liebe.

Christus führt euch wieder zurück – einzig Christus, Mein Sohn, der Mitregent der Himmel! Und wenn ihr noch so vielen Scheinchristussen folgt – gleich, ob sie vor einen Wagen gespannt sind oder ob sie sich in Konfessionen bewegen –, Ich sage euch: Der Christus des Inneren ist der wahre Christus, und kein Mensch kann euch zu Mir führen – außer Christus, der in euch ist. Er hat euch als Jesus von Nazareth die Gesetze des Heils verkündet, Er verkündet euch wieder die Gesetze Inneren Lebens. Wer sie annimmt, findet zum inneren Christus und erlangt die Auferstehung in Christus und in Mir, seinem Vater.

Mein Kind, wie lange noch willst du der Sünde zollen? Wie lange noch willst du blind, leidend, krank und im Siechtum über diese Erde gehen? Wie lange noch? Wie lange noch suchst du im Äußeren Menschen, die dir eventuell den Weg zu Christus weisen können? Siehe, Menschen können den Weg gehen hin zu Christus und können dir aus der

Verwirklichung das mitgeben, was sie im Urgrund ihrer Seele erforscht und erlebt haben und erleben. Doch du selbst mußt bei dir beginnen – die Hilfe ist Christus in dir, die erlösende Kraft.

Mein Kind, wie lange noch möchtest du dem Dämonenstaat huldigen, indem du weiter und weiter sündigst? Wie lange noch lebst du in den Trugbildern, der Glaube müsse dich selig machen? Glaube an die innere Kraft, vertraue dich Christus an, und gehe den Weg der Vergeistigung, indem du deine Sünden erkennst, sie Christus übergibst und nicht mehr sündigst. Das ist der Weg – und es gibt keinen anderen Weg! Einerlei, was auf dieser Erde an Wegen angeboten wird, einerlei, was aus euren Bibeln gelesen wird – wer es nicht verwirklicht, ist ein Tor und bleibt ein Sündhafter, der blind gehalten wird und blind das tut, was ihm andere vorsagen.

Meine Kinder, Ich binde euch auch nicht an Mein Wort. Ich habe zu euch gesprochen und spreche weiterhin: Ich Bin euer Vater und im Strom des Lebens der Vater-Mutter-

Gott, der euch einhüllt und führt, durch Christus. Ob du es glauben möchtest oder nicht, das liegt in deinem eigenen Ermessen. Ich, das reine Leben, beeinflusse Meine Kinder nicht, doch viele Meiner Kinder stehen im Einfluß der Dunkelheit und lassen hineinfließen, was gegen Mich ist.

Nehmt das Zeichen der Erlösung in euch auf! Mitten in diesem Ort geht das Strahlenkreuz hernieder. Mitten unter euch steht Mein Sohn, Er symbolisiert die Auferstehung und das Leben durch das Strahlenkreuz ohne Korpus. Mitten unter euch hebt Er die Arme hoch, breitet sie aus und ruft: „O kommet alle zu Mir her, die ihr mühselig und beladen seid – Ich will euch erquicken!"

Wohin sollt ihr gehen? Einzig nach innen! Denn dort, tief in eurem Inneren, in eurer Seele, ja in jeder Zelle eures Leibes ist die Kraft der Befreiung, der Erlösung, ist Christus, das Licht.

Gehet nach innen, und spürt in jeder Zelle eures Leibes das Strahlenkreuz, das Kreuz der Erlösung und der Auferstehung. Und so ihr bewußt Auferstandene seid, seht ihr das mächtige Strahlenkreuz in eurer Mitte. Und so ihr es in eurem Inneren wahrnehmen könnt, seid ihr von einigen Strahlen berührt.

Was wollt ihr tun mit eurem Erlöser? Er ruft: „Kommet alle zu Mir her, die ihr mühselig und beladen seid – Ich will euch erquikken!" Ja, Er ist aus dem ewigen Sein gegangen, wurde Mensch, kam als reines Wesen zurück – doch Er ließ Seine Kraft, Sein Licht, die Erlösung, bei euch, in euch, in jeder Seele. Wie trügerisch sind doch alle äußeren Formen, Dogmen und Riten - aller äußerer Prunk und Glanz! All das braucht ihr so lange, bis ihr wieder zum inneren Glanz geworden seid. Doch wenn ihr nur auf den äußeren Tand blickt – wie könnt ihr den inneren Glanz erwerben, das Licht des Heils, den Frieden, die Liebe, euer urewiges Erbe, denn ihr seid unsterblich?

Mein Kind, ob du es glaubst oder nicht: In dir, einzig in dir, ist das Heil! Alles Äußere, alle Riten und Formen, jegliches Schauge-

pränge gehört nicht zu deinem Wesen. In dir ist das Licht, und wenn du zum Lichte der Liebe geworden bist, dann erkennst du, daß die Himmel in dir offen sind und daß der Glanz der Himmel, dein wahres Sein, deine Strahlkraft ist. Hat die Seele diesen inneren Glanz verloren, dann sucht sie nach äußerem Tand, nach äußerem Glanz und hängt sich an Würden, an Titel und hält die Mittel, weil sie im Inneren verarmt ist.

Mein Kind! Du bist Mein Kind, werde dir bewußt, und nimm das Strahlenkreuz in dein Bewußtsein auf. Nimm die Worte in dir auf und erfasse den Sinn des „Christus": „Komme her, Mein Kind! Einerlei, was du trägst, Sünde oder Licht – Ich liebe dich. Komme her, Ich will dir helfen, Ich will dich erbauen und erquicken! Komme her", so spricht Christus jeden Augenblick in dir, Mein Kind; denn Sein Bestreben ist es, dich Mir zuzuführen – heim, heim in die ewige Unendlichkeit. Heim über Christus, heim, indem du, Mein Kind, das innere Reich erschließt, deine Seele zum

Leuchten bringst, auf daß sie den Odem der Unendlichkeit verspürt und den Strahlenkranz innerer Liebe trägt – das Gesetz der Unendlichkeit.

Mein Kind, komm heim! Du bist nicht verloren. Wenn traurige und trübselige Stunden kommen – denke daran: Christus ruft in dir! Wenn freudige Stunden kommen, vergiß nicht die innere Liebe! Danke für die freudigen Stunden und Tage, danke – dann strömt auch die Freude aus deinem Herzen, und du merkst, was Auferstehung bedeutet. Dann werden deine Gebete selbstlos, weil du mehr und mehr selbstlos wirst. Dann wird dein Inneres licht- und kraftvoll und eint sich mehr und mehr mit dem Strom des Inneren Lebens, der Ich Bin.

Was also willst du tun mit Christus? Was willst du tun mit deinem irdischen Leben? Was willst du tun mit deinen fünf Sinnen? Willst du sie verfeinern – oder möchtest du, daß sie weiterhin blind gehalten werden?

Mein Kind, die Liebe, die Ich Bin in Christus, ist immer gegenwärtig. Und wer von Herzen betet und sein Gebet erfüllt, wer tagtäglich bereinigt, was ihm der Tag bringt, der erlangt schon im irdischen Leibe die Auferstehung und die Einigung, das Einswerden und Einssein mit Mir, dem Urlicht.

Mein Kind, Christus möchte dich aus den trüben Stunden herausführen, ja auch aus den trüben Tagen und Jahren, die diese Erde, diese Welt erleben wird. Deshalb spricht Er unermüdlich auch durch das Prophetische Wort, damit deine äußeren Ohren Ihn hören, denn Er will dich frei machen von der Sünde, frei von Zwängen und Vorstellungen. Er will dich sehend machen, auf daß du die blinden Blindenführer siehst, die im Namen des Kreuzes, im Namen des Christus, Menschen verführen.

Ich sage dir: Höre einzig auf das Gesetz der Liebe! Es ist dir gegeben in den Geboten, es ist dir gegeben durch den Inneren Weg, es ist dir gegeben in vielen Auslegungen und Worten. Du hafte nicht am Wort! Was du gelesen oder gehört hast, was du annehmen kannst – das verwirkliche, Mein Kind! Dann erweitert sich dein Bewußtsein, und du wirst erkennen, daß die Führung von innen her geschieht, von deinem Erlöser Christus. Dann bedarf es nicht mehr äußerer Führer; du wirst sie durchschauen, die Blinden, die Blinde führen.

Und das Kreuz der Erlösung wird sich wandeln, und in dir wird sich dein Wesen zeigen, rein, edel und schön. Die Erlösung ist vollzogen. Du bist in Christus auferstanden. Christus ist dann bewußt dein Bruder, und die Boten der Himmel bewußt deine Geschwister. Deine Augen schauen alle Menschen und Wesen – und du wirst in ihnen ebenfalls Bruder und Schwester erkennen, weil du sie in dir selbst trägst. Das ist das Leben der Einheit. Im Leben der Einheit gibt es kein Oben und Unten, kein Vorne und Hinten, kein Rechts und kein Links. Es gibt auch nicht das Weib als Weib, den Mann als Mann; beide sind eins in Christus als Geschwister und leben in der Reinheit und zeu-

gen in der Reinheit und empfangen in der Reinheit wieder Leben.

Das ist der Weg des Inneren Lebens, das ist euer Weg. Solange ihr trennt, erlebt ihr nicht, was Einheit bedeutet, erlebt ihr nicht, was Frieden und Liebe bedeuten; ihr sprecht davon – und erfahrt es nicht. Solange in euren Ehen – auch Partnerschaften, Familien genannt – kein Friede ist, seid ihr gegen das Gesetz der Allharmonie, seid ihr gegen das Gesetz der Dualität. Denn was im Himmel ist, das soll auch auf Erden sein: zwei Menschen, Frau und Mann, in Liebe geeint für die Nächsten; Frau und Mann in der großen Familie Gottes – Einer für alle, und alle für Einen. Solange dies nicht ist, seid ihr blind und gegen das Innere Leben, weil ihr gegen eure Nächsten seid.

Die Dualität im ewigen Sein ist ein geheiligter Bund für alle Ewigkeit. So sollte auch eure Ehe, eure Partnerschaft – einerlei, wie ihr sie nennt – ein geheiligter Bund mit Mir sein, in dem ihr gemeinsam das miteinander bereinigt, was euch zusammengeführt hat, auf daß ihr bewußt Bruder und Schwester werdet im Lichte der Wahrheit und eure Kinder Kinder des Vater-Mutter-Gottes werden, weil ihr gute Vorbilder seid. Dies alles gehört zum Kreuze der Erlösung und zur Auferstehung in Christus.

So wie oben, ähnlich wird es auf Erden werden. Dafür ging Mein Sohn und mit Ihm viele. Die materialistische Welt schwindet, die Wirkungen nehmen ihren Lauf, die Erde bäumt sich auf – doch die Rettung ist da: Christus, der Retter!

Meine Kinder, fragt nicht, wo Christus ist! Sucht Ihn nicht da und dort. Gehet in euer Inneres – dort ist Christus! Und ihr werdet Ihn dann gewahr, wenn ihr Sünde für Sünde abbaut durch Seine Hilfe, mit Seiner Kraft.

O sehet, Ich Bin der Geist der Freiheit. Ich lasse euch die Freiheit. Jeder kann entscheiden: für das Innere Licht – oder für den äußeren Schein.

Meine Kinder, doch erkennt: Unsterblich ist euer wahres Inneres – so, wie Ich unsterblich und unbesiegbar Bin. Einerlei, was auch die Dunkelheit mit dem Namen „Christus" zu vollbringen vermag – Christus ist der Sieger! Er in Mir und Ich in Ihm sind unbesiegbar. Das Zeichen des Kreuzes ohne Korpus ist das Zeichen der Erlösung, der Auferstehung – ist die Wegweisung hin ins ewige Licht.

Was ihr auch denkt, wie ihr euch auch verhalten werdet – ihr habt den freien Willen. Doch eines Tages werdet ihr erkennen, daß ihr unsterblich seid! Dann ist der sogenannte Tod überwunden; ihr werdet die Hülle abstreifen und zurückgehen ins Vaterhaus, weil ihr das Innere Reich erschlossen habt.

Erkennt: In Christus ist der Tod überwunden. Wer jedoch nicht in Christus lebt, der leidet und fürchtet sich vor dem sogenannten Tod, weil er selbst noch geistig tot ist und ein geistig Blinder.

Meine Kinder, Urewigkeit – Urewigkeit strömt durch die Unendlichkeit, durch Raum und Zeit! Urewigkeit durchflutet auch dich, Mein Kind, denn du bist in Mir ewiglich. Einerlei, wie du denkst, was du auch tust, ob du Christus annimmst oder ablehnst, ob du an Mir zweifelst oder Mich bejahst – Mein Kind, du bist in Mir, deinem Vater, und Ich schaue dich ewig so, wie Ich dich geschaffen habe und in die himmlischen Ebenen gegeben habe: rein, ewig jung, schön, das strahlende Gesetz der Liebe! Das, Mein Kind, bist du in Mir. So kommst du wieder zurück zu Mir. Und du wirst mit deinen reinen Augen in Meine reinen Augen schauen, in Mein Antlitz. Und wir werden uns im Inneren begegnen, als wärest du nie von Mir gewesen. Denn du bist immer in Mir; einerlei, wo du dich bewegst, einerlei, welche Pfade du gehst – du bist in Mir!

Und wenn du zurückkehrst, erkennst du die Verschmelzung. Es war und ist immer so, wie Ich dich geschaut, geschaffen und gegeben habe, und du erlebst: Es gab und gibt keine Trennung. Wir sind geeint, Mein Kind, wir sind geeint – Ich bewahre dich im Strom

Meines Herzens. Wir sind geeint, urewig, Mein Kind, urewig, von Ewigkeit zu Ewigkeit. Das ist in Worten durch Mein Instrument dein Vater. Doch wenn du in die Worte hineinblickst, erfaßt du Meine Liebe, und du erkennst, Ich habe dich, dich, dich, jeden einzelnen ganz persönlich angesprochen. Ich kenne dich. Ich habe dich mit deinem ewigen Namen gerufen, der dir ewig gegeben ist – urewig, Mein Kind!

Ich Bin, und du bist in Mir, und du kehrst zurück durch Christus.
Mein Kind, bereite dir keine Schmerzen durch die Sünde! Mein Kind, bereite dir nicht die Leiden und Sorgen durch die Sünde! Mein Kind, lege dir keine Krankheiten auf durch die Sünde. Erkenne dich, geh zu Christus, bereinige – und du erlebst die bewußte Auferstehung in Christus!
Ich Bin, und du bist! Auch wenn Meine Worte durch Prophetenmund verhallen – Ich Bin, und du bist. Und Meine Stimme ist das All: in allem – tief in deinem Nächsten, tief

in dir, in den Gestirnen, in den Naturreichen, in den Mineralien, in den Steinen, überall, in jedem Atom: Ich Bin! Ich Bin dir nahe, Mein Kind.

Du und Ich sind die Ewigkeit.

Ich Bin, und du bist, von Ewigkeit zu Ewigkeit.

Mein Kind – Ich, dein ewiger Vater.

*Den einen Gott verschmäht ihr –
und glaubt an die ewige Verdammnis.
Ich Bin der Gott der Liebe!
Die Erde ruft Mich, den Schöpfer,
um Erbarmen*

Offenbarung GOTT-Vaters, 1996

ICH BIN der Gott Abrahams, der Gott Isaaks und der Gott Jakobs. ICH BIN der Gott aller wahren Propheten. Ich Bin der Gott der Himmel und dieser Erde. ICH BIN nicht der Gott dieser Welt.

Durch Prophetenmund spreche Ich, der Gott der Himmel, in diese Welt, auf daß Mich d i e Menschen verstehen, die immer noch glauben, daß sie als Menschen Meine Kinder wären. Ich aber sage euch: Mein Kind ist das Innerste in euren Seelen, im Seelengrund. Das ist aus Meinem Herzen, das bleibt in Meinem Herzen, und das kehrt auch wieder zu Meinem Herzen zurück.

So mancher Mensch fragt sich: „Warum geschah der Fall?" Doch Ich sage euch folgendes: Beim Schöpfungsakt, bei dem ersten Segment der Schöpfung, schuf Ich Kinder aus dem ewigen Strom, dem Strom des Vater-Mutter-Seins, dem Lebensstrom, der einen Kraft und der einen Quelle, die Ich, Gott der Himmel, Bin. Wahrlich, als dann sich das Segment mehr und mehr vervollkommnete, als sich die ersten Grundhimmel auftaten, wollte ein Wesen sein wie Ich. Es wollte die Herzensteilung – Gott und Göttin. Als Ich dies nicht zuließ – denn es ist e i n Strom, es ist e i n e Quelle ewiglich, und aus dieser einen Quelle schuf Ich Meine Kinder und schaffe sie, die Kinder der Himmel, so daß sie Erben der Ganzheit wurden und alle, die aus dem Dualprinzip entstehen, wieder Erben der Ganzheit werden. Hätte Ich Mein Herz geteilt, dann hätte Ich das All aufgeteilt für die Göttin und für den Gott, und Meine Kinder wären Teilerben gewesen. Mein Wesen ist die Ganzheit. Mein Strom ist e i n Strom, die Lebensquelle aller Meiner Kinder, aller Tiere,

Pflanzen und Mineralien. Und somit schuf Ich, der Vater-Mutter-Gott, die eine Quelle, aus dem einen Strom der einen Quelle Meine Kinder, und sie wurden Erben der Ganzheit. Aus dieser einen Quelle entströmte auch das Dualprinzip, das heißt: zwei und doch e i n Herz, das sich ergänzt im Geben und Empfangen. Aus diesem Prinzip Geben und Empfangen, aus dem einen Herzen des Dualprinzips, entstehen weitere Kinder der Himmel; sie sind wieder Erben der Ganzheit, also Erben des ewigen Seins. Hätte Ich die Schöpfung geteilt, dann wäre es ähnlich wie in dieser eurer Welt, die aus „Trenne, binde und herrsche" besteht.

Wahrlich, der Fall ist nur eine Turbulenz, die ausgärt. Und so Meine Kinder ausgegoren sind, werden sie wieder zurückkehren zu Dem, der sie schaute und schuf. Mit euren Worten gesprochen, war und ist das der Fall. Viele Wesen schlossen sich dem einen Wesen an und fielen. Andere wieder gingen, um den Fall zu belehren, und fielen ab von Mir; das sind dann die Abgefallenen. Davon tummeln sich viele auf dieser Erde und nennen ihre Wohnstätten ihre Welt.

Wahrlich, Ich sage euch: Diese Welt ist nicht Meine Welt. Sie gehört dem Fall an und dem Gott der Unterwelt. Wer dem Gott der Unterwelt dient, der zerstört die Erde und schafft sich aus der Zerstörung der Erde seine primitive Welt.

Blicket hinein in eure Denkwelt. Wem huldigt ihr? Dem Gott der Himmel oder dem Gott der Unterwelt? Der Gott der Unterwelt will diese Welt, in der ihr lebt. Doch Ich, der Gott der Himmel, möchte euch in die Welten des ewigen Seins führen durch Meinen Sohn, euren Erlöser – Den ihr nicht aufnehmt, weil ihr nicht tut, was Er euch als Jesus von Nazareth gelehrt hat und vorlebte. So sind viele von euch angehörig dem Gott der Unterwelt und dienen dessen Göttern.

Wahrlich, wahrlich, Ich sage euch, eure Gefühle, Empfindungen, Gedanken, Worte und Werke sagen, wem ihr dient! Schmeichelt nicht eurem Habitus, indem ihr glaubt, daß ihr Christen wäret. Ich sage euch: Eure

Götter, die dem Gott der Unterwelt dienen, haben euch vom Gott der Himmel weggeführt. Sie reden von einem Gott, der straft, der züchtigt, der euch verdammt, ja, der euch in die ewige Verdammnis wirft. Ich aber sage euch: Das ist der Gott der Unterwelt, nicht der Gott der Himmel, der Ich Bin. Ich Bin der Gott der Liebe, von Dem Mein Sohn als Jesus von Nazareth sprach.

Ihr Menschen seid so stolz auf euren Intellekt. Schaltet diesen für kurze Zeit ein und überlegt: Wenn Ich der Gott des Alten Testaments wäre, dann hätte Jesus von Nazareth falsch gelehrt, denn Er lehrte euch einen anderen Gott: den Gott der Liebe, den Gott des Friedens, den Gott der Einheit, den Gott des Erbarmens, des Verzeihens, und niemals den Gott der Strafe! Wer hat rechtens gesprochen: der Gott der Unterwelt, der sich in das Alte Testament einschlich, auch in die Aussagen der Propheten – das heißt, diese wurden falsch übersetzt –, oder war Jesus, der Christus, euer Erlöser, ein falscher Prophet? Einer muß recht haben – der Gott des Alten Testamentes oder der Gott in Jesus, dem Christus.

Wahrlich, wahrlich, Ich sage euch, Jesus, der Christus, der größte Prophet aller Zeiten, euer Erlöser, hat wahr gesprochen, denn Er kam zu euch und war und ist eins mit Mir, dem Gott der Liebe. Wem hangt i h r an: euren Göttern, die dem Gott der Unterwelt dienen?

O erkennet: Wer hat die Theologen gerufen? Der Gott der Unterwelt oder der Gott der Himmel? Ich habe keine berufsmäßigen Diener, sondern berufene! Doch eure Diener, die ihren Habitus mit verschiedenen Hüten krönen, einerlei, wie ihr sie nennt, dienen nicht Mir, dienen auch nicht euch – sie dienen sich selbst und somit dem, der sie gerufen hat. Dem huldigt ihr, den Göttern huldigt ihr. Den Einen Gott verschmäht ihr und glaubt an die ewige Verdammnis. Ihr Menschen dieser Welt, reicht es euch noch nicht, in dem Zustand, in dem ihr lebt? Ist das nicht schon die Hölle? Wollt ihr noch eine größere Hölle oder noch ein größeres Feg-

feuer? Reichen euch eure Krankheiten, eure Nöte, eure Sorgen noch nicht?

Wahrlich, wahrlich, Ich sage euch: Ich rufe Meine Kinder, und Ich rufe hinein in den Seelengrund der Menschen. Der Habitus kann Mich nicht verstehen. Das geteilte Herz wird Mich auch nicht an- und aufnehmen. Doch ein Herz, das ganz schlägt für Mich, das versteht Mich, den Sonnengott, den Ur-Gott des ewigen Seins der Himmel.

Viele Herzen sind geteilt. Sie teilten sich in „mein" und in „dein". Sie schufen und schaffen Grenzen und Zäune und glauben, das wäre ihr kleines Reich. Die Reichen schmükken sich mit dem Reichtum, mit entsprechender Energie, die ihr Taler nennt. Sie stellen sich zur Schau und glänzen als „die Reichen". Und ihr – ihr seid die Nachahmer! Wisset ihr nicht, daß die Reichen mit ihren Energien glänzen müssen, denn sie sind die Erbärmlichsten, die Ärmsten unter den Armen; deshalb müssen sie sich mit Kleidern, Kronen und verschiedenen Hüten schmücken, einerlei, wie ihr sie nennt.

Gehet in eure Gotteshäuser aus Stein – was seht ihr? Geschmückte Diener. Wem dienen sie? Dienen sie euch? Dann wären sie nicht geschmückt! Dienen sie Mir? Dann wären sie die Geringsten unter euch. Doch sie dienen dem, der sein will wie Ich – und das wird er nie können, denn die Erde ist Mein, und die Erde wird sich auftun und alle verschlingen. Doch eure Seelen leben weiter in Schmach und Schande in den Stätten der Reinigung, die sich die Menschheit durch ihre Eingaben geschaffen hat.

Wahrlich, wahrlich, Ich sage euch: Ich Bin auch der Kläger für diese Erde, für die unschuldige Kreatur, für alle Lebensformen, für Tiere, Pflanzen und Mineralien. Ihr, die ihr vielfach die Grausamkeit in Person seid, was macht ihr mit eurem göttlichen Erbe? Denn, als Energie gesprochen, sind Tiere, Pflanzen und Steine ein Teil eures göttlichen Leibes, so wie ihr, als Energie gesehen, auch ein Teil von ihnen seid. Was macht ihr mit den Tieren, die Ich als Übernächste bezeichnen möchte?

Blicket in die Ställe, wie sie leben müssen, im engsten Raum, hineingepfercht. Blickt auf ihr Futter. Was wird ihnen gegeben? Das, was das Fleisch benötigt, auf daß der Kannibalismus zu blühen beginnt und immer mehr Stilblüten treibt – das seid ihr! Wenn ihr dann in Räume gepfercht werdet gleich dem, wie ihr es mit den Tieren haltet, dann klagt ihr Gott an? Wahrlich, Ich sage euch: Beklagt euch bei dem Gott der Unterwelt, dem ihr vielfach dient und der es so will!

Blickt in die verschiedenen Waggons, so wie ihr sie bezeichnet. Stunden über Stunden, also in eure Zeit hineingesprochen, werden Tiere von einem zum anderen Ort transportiert. Sie hungern, sie leiden, sie gehen zugrunde. Wenn ihr zusammengetrieben werdet und hineingepreßt in Waggons, dann klagt ihr Gott an. Klagt den Gott der Unterwelt an, dem ihr gedient habt und dient!

Schaut hinein in eure Schlachthäuser! Schuß! Schlag – tot! Der Leib aufgerissen mit scharfen Messern und Gegenständen. Ein Tierchen nach dem anderen, und die, die noch stehen, müssen zusehen, wie ihre Artgenossen hingeschlachtet und hingemetzelt werden. Angst vor dem, was ihnen auch blüht, was sie auch erwartet – schreien und jammern und klagen sie und rufen zum Gott, der ICH BIN, zu ihrem Schöpfer, um Erlösung. Wie erlöst ihr sie? Indem ihr sie niedermacht in euren Schlachthäusern, in den Wäldern, auf den Feldern. Schuß! Tot! Aufgerissen wird ihr Leib, das Eingeweide herausgerissen, das Fleisch schön zubereitet, und der Kannibalismus blüht. Ja, ihr verzehrt nicht das Fleisch eurer Nächsten – ihr verzehrt das tote Fleisch eurer Übernächsten. Ihr seid Tier-Kannibalen!

Wie wollt ihr noch zu Kindern Gottes werden? Blickt auf eure Felder. Düngemittel, Spritzmittel – Ich nehme eure Worte. Ihr quält und malträtiert eure Felder. Wenn die Erde es euch zurückgibt und ihr erkrankt, dann klagt ihr Gott an? Beklagt euch bei dem Gott der Unterwelt. Der will es so – und ihr letztlich auch, denn ihr dient ihm.

Die Erde ruft Mich, den Schöpfer, um Erbarmen, um Freiheit. Was tut ihr? Ihr klagt Mich an – doch beklagt euch bei dem, dem ihr dient und von dem ihr euch inspirieren laßt.

Sprengstoff wird in das Erdinnere geschafft und dann gezündet. Sprengstoff in die Meere – und dann gezündet! Blicket hinein, was sich tut: Den Tieren in und auf der Erde, aber auch in der Luft werden die Köpfe abgerissen, die Arme ausgerissen; die Lungen platzen, das Herz zerreißt es, der ganze Körper wird in Fetzen zerrissen. Das seid ihr – ihr laßt es zu! Wenn es euch geschieht, dann klagt ihr Mich an. Klagt den an, dem ihr dient! Schluckt selbst Sprengstoff, und ein anderer zündet – was dann geschieht. Der Erdkörper, die Mutter Erde, ist groß, es ist die Ernährerin der Menschen. Ihr glaubt, wenn das oder jenes an diesen oder jenen Orten geschieht, dann wird der Erde, die eine, wie ihr sagt, riesige Masse ist, nicht so arg und viel geschehen.

Wahrlich, wahrlich, Ich sage euch: Die Schwingungen eures negativen Verhaltens ziehen sich durch die ganze Erde, gehen in die Atmosphäre und kommen wieder auf euch zurück. Wer zerstört die Atmosphäre – der Gott der Liebe, der der Erde einen Mantel gab, auf daß ihr auf der Erde leben könnt? Doch ihr – jeder einzelne trägt dazu bei, daß sich der Mantel auftut und die Kräfte des Alls euch allmählich verbrennen. Dann klagt ihr Mich an. Klagt den Gott der Unterwelt an und letztlich euch selbst, denn ihr dient ihm. Und ihr dient auch euren Götzen, die Meinen Namen und den Namen Meines Sohnes mißbrauchen. Doch ihre Lehre ist nicht Mein Gesetz.

Ihr manipuliert die Pflanzen, und ihr sagt, das wären die Wissenschaftler. Ich sage aber euch: Jeder von euch trägt seinen Teil dazu, denn der Gott der Unterwelt vermag nur auf dieser Erde und dieser Welt so zu wirken, weil ihr Instrumente dieses Gottes seid. Wisset ihr nicht, daß alles – ob es das „köstliche"

Fleisch, das in der Pfanne für euch Tier-Kannibalen schmort – Informationen trägt? Wisset ihr nicht, daß durch Genmanipulationen auch ihr manipuliert werdet, daß auch eure Gene sich verändern? Wisset ihr nicht, daß die Informationen der Tiere, die ihr töten laßt, die ihr verzehrt, Informationen sind, die in eure Zellverbände eingehen und euch entsprechend programmieren? Die Angst, die Verzweiflung, das Leid und der Wille Gottes der Unterwelt, der nun die Genmanipulation vornehmen läßt, will, daß ihr immer mehr aggressiv werdet, daß einer den anderen tötet.

„Nun mal", so sprechen eure Götter, die dem Gott der Unterwelt dienen, „töten darf man, nur nicht morden". Das sagen eure Götter. Doch Ich sage euch: Ihr sollt nicht töten! Weder Mensch noch Tier, noch sollt ihr euch an Pflanzen und Mineralien vergehen. Und wenn ihr schon die Unterschiede zwischen Töten und Morden macht, was geschieht dann in euren Schlachthäusern? Ist das Töten, oder ist das Morden? Was geschieht in euren Kriegen? Ist das Töten, oder ist das Morden? Tot

ist nun mal tot! Wie die Seele drüben ankommt, seht ihr nicht. Sie weiß oft selbst nicht mehr, ist sie Seele, Mensch oder Tier.

Wahrlich, wahrlich, Ich sage euch: Eines Tages schlägt die Stunde für jeden von euch. Wohl dem, der dieses Erdendasein genützt hat – nicht im „Mein"-Wohl, sondern im Gemeinwohl, was bedeutet: Wohl für alle, für alle gleich. So, wie im Himmel, also auch auf Erden. Jeder, der s e i n Wohl schafft, dient dem Gott der Unterwelt. Und jeder, der reich werden möchte oder reich ist, ist ein Kandidat der Unterwelt. Klaget nicht den Gott des Gemeinwohls an, den Gott der Liebe und des Friedens, den euch Jesus gelehrt und somit gebracht hat durch Sein Leben. Klagt euch selbst an, und beklagt euch bei dem, dem ihr dient und dem ihr huldigt jeden Tag aufs neue durch euer Fühlen, Denken, Sprechen und Tun!

Jedes Korn, das ihr bewußt veruntreut, ist gleichsam ein Krankheitskeim in der Zelle eures Körpers. Eine Zelle wird damit beauf-

schlagt. Erkennt, wie viele Nahrungsmittel ihr zerstört. Wisset ihr nicht, daß ihr damit euch selbst zerstört? Wisset ihr nicht, daß ihr euch damit in den Hunger und in das Verderben treibt?

Wer allmählich in das Gemeinwohl hineinwächst, der bemüht sich, mit und für seinen Nächsten zu sein und ist dem Nächsten gleich, so wie im Himmel, also auch auf Erden. Wer sein Eigenwohl pflegt, der will Herrscher und Herr sein. Doch ihr Herren, die ihr glaubt, die Schöpfung zu sein, Ich sage euch: Es gibt nur einen Herrn, das ist der Gott Abrahams, der Gott Isaaks, der Gott Jakobs, der Gott aller wahren Propheten. Das BIN ICH, der durch Prophetenmund zu euch spricht.

Was haben die Menschen mit den Propheten gemacht? Verleumdet, diskriminiert, verhöhnt, verspottet und viele getötet. Sagt nicht, das waren eure Priester, eure Pfarrer. Ihr dient ihnen, diesen Göttern, und somit seid ihr mitschuldig!

Was macht ihr mit eurem jetzigen Propheten, Prophetin genannt, weil es eine Frau ist? Ihr laßt sie verhöhnen, verspotten und diskriminieren. Warum? Weil ihr die Worte Meines Sohnes wohl anhört, doch selten tut. Und wer es nicht tut, der ist für den, der gegen Mich ist, für den Gott der Unterwelt!

Was ihr mit eurer Erde macht, das wird euch treffen, aufgeteilt auf jeden einzelnen von euch. Was ihr mit eurem Nächsten tut, das wird aufgeteilt auf euch beide, auf drei, auf vier – je nachdem, wie viele es sind. Gewogen, gemessen, jedem wird s e i n Teil zugeteilt. Deshalb sollt ihr auf e u r e n Teil blicken, auf eure Schuld, und nicht eurem Nächsten die Schuld geben, auch dann, wenn er mitschuldig ist. Jesus sagte euch vom Balken und Splitter und lehrte euch das Gesetz der Reue und der Vergebung, und als Christus lehrt Er euch es wieder – eine einfache Lehre, die euch in den Himmel hebt, doch ihr wollt sie nicht annehmen!

Wenn ihr am Morgen erwacht, dann habt ihr einen Tag geschenkt bekommen von dem

Gott der Liebe, auf daß ihr das Geschenk, den Tag, nützt, indem ihr Teile eurer Eingaben, eurer Abartigkeiten, erkennt, also eure Sünden, um sie mit der Hilfe eures Erlösers, mit dem Christusfunken in euch zu bereuen, zu bereinigen, wiedergutzumachen, was ihr noch gutmachen könnt. Und so ihr dies nicht mehr tut, öffnet sich für euch der Himmel, und ihr entweicht eurer Hölle Welt.

Eine einfache Lehre. Doch für den gekrönten Habitus – euren Göttern – ist die Lehre zu einfach. Sie sind ja nicht Berufene, sondern führen ihren Beruf aus und werden von ihren Schafen noch gut bezahlt, auf daß sie im Reichtum und Überfluß leben und die Ärmsten dahinvegetieren und den letzten Groschen zusammentun für eine Kerze, für ein Vaterunser vom Gott, der Ich nicht Bin.

Wahrlich, wahrlich, Ich sage euch: Eure Gebete sind Mir ein Greuel, denn ihr jammert und klagt und wisset nicht, daß ihr anklopfen könnt und daß euch aufgetan wird, wenn ihr mit ganzem Herzen kommt, jedoch nicht mit geteiltem. Eure Lieder sind Mir ein Greuel, denn ihr klingt nicht, wie der Klang der Himmel ist. Eure Gottesdienste sind Mir ein Greuel, denn damit dient ihr nicht Mir, sondern denen, die sie halten.

Wisset ihr nicht, daß der Geist Gottes, die Liebe, die Weisheit und Größe, die Ich Bin, unteilbar in euch wohnen? Erst wenn ihr gelernt habt, das Geschenk des Tages zu nützen, umzukehren, eure Sünden zu bereuen, sie zu bereinigen und nicht mehr zu tun, werdet ihr erkennen, daß ihr Meine Kinder seid – Kinder der Liebe, Kinder des Friedens, Kinder des Gemeinwohls, Kinder der Erde, und nicht dieser Welt. Dann werdet ihr auch Abstand nehmen von eurem gegensätzlichen Verhalten, das diese Welt so geschaffen hat, wie sie ist. Dann werdet ihr Schritt für Schritt in die Fußspuren des Jesus von Nazareth gehen, der zu euch sprach: Folget Mir – also dem Christus Gottes – nach. Holt euch die Gebote und die Bergpredigt. Legt sie vor euer Auge, vor eure Sinne, und vergleicht eure Missetaten mit den Geboten und der Bergpredigt, und ihr erkennt jeden Tag aufs neue, wem ihr gedient habt, und dann könnt ihr entscheiden, wem ihr weiter dienen wollt: dem Gott der Wahrheit, dem Gott der Einheit, der Ich Bin, dem Gott der Liebe – oder dem Gott der Unterwelt, der euch immer wieder einflüstert: Trenne, binde und herrsche. Doch Ich sage euch:

Verbindet euch mit eurem Nächsten. Verbindet euch mit Tieren, Pflanzen und Mineralien. Und seid bewußt in Mir. Dann werdet ihr den Gott erleben, der ICH BIN, den Gott der Liebe, einen Vater, der euch aus dem ganzen Herzen geschaffen hat und euch das ganze Erbe des reinen Seins gegeben hat, der euch unendlich liebt. Das Pfand war Jesus, das Pfand ist Christus, der Erlöserfunke in jedem von euch. Die Himmel sind eure Heimat, eure ewige Heimat. Dort leuchten die Evolutionsstufen, die Mineralien; dort leuchten alle Pflanzenarten; dort bewegen sich in Harmonie, Frieden und Freude die Tiere, und dort leben die reinen Wesen als Einheit im Strom der Einheit, in Meinem Gesetz der Liebe.

Wie lange noch wollt ihr dem dienen, der euch beherrscht? Ihr habt den freien Willen. Ich greife in den freien Willen Meiner Kinder nicht ein. Ich setze mahnende Impulse. Ich helfe, wenn das ganze Herz bittet, und Ich helfe so, wie es gut ist für die Seele, und nicht, wie es der Mensch will.

O erkennet: Mein Sohn, euer Erlöser, und Ich sind eins – e i n e Kraft, ein Ganzes, in jedem von euch. Mein Sohn, euer Erlöser, ist der Gute Hirte. Durch die Erlösertat hat Er euch an- und aufgenommen, und das an Kindes Statt, um euch Mir, dem Ur-Vater, dem Schöpfer des Himmels und der Erde, des reinen Seins, zuzuführen. Auf Jesus, den Christus, sollt ihr hören, dann hört ihr euren Vater, der ICH BIN, und ihr hört auch die Mutter, die ICH BIN – der e i n e Strom, das e i n e Gesetz der Liebe –, und ihr empfanget aus den Himmeln, und ihr gehet ein in die Himmel, weil ihr alle aus den ewigen Himmeln kommt.

Hört nicht auf den Gott der Unterwelt. Höret nicht auf die Götter, die euch schmei-

cheln. Nehmt die Gebote Gottes und die Bergpredigt zur Hand, und prüft euer Leben. Mögen die Zehn Gebote und die Bergpredigt der Maßstab in eurem irdischen Dasein sein. Dann erkennt ihr die Einflüsterungen des Gottes der Unterwelt, und ihr wißt, was ihr zu tun habt. Der Gott der Unterwelt will gegen Mich kämpfen, denn Er will der All-Gott sein, die Allmacht und der Allmächtige. Doch was er will, wird er nicht erreichen, denn ICH BIN die Allmacht und der Allmächtige – unteilbar, ewiglich.

Wem wollt ihr dienen? Mit wem wollt ihr streiten? Wem sagt ihr also den Kampf an? Mir? Oder euch selbst? Den Einflüsterungen vom Gott der Unterwelt, die ihr an- und aufgenommen habt und danach ihr auch handelt? Prüft euch selbst. Jeder Tag ist ein Geschenk. Nützet den Tag, und wisset: Tief im Seelengrund seid ihr Meine Kinder und bleibt Meine Kinder, denn was Ich geschaut und geschaffen habe, kehrt auch wieder zu Mir zurück. Doch Ich zwinge euch zu nichts. Ihr habt die Freiheit durch das ganze Erbe des

Seins. Wollt ihr weiter leiden? Wollt ihr dahinvegetieren? Wollt ihr durch Krankheit, Hunger und Not gepeinigt werden? Dann wollt i h r es so, aber nicht Ich. Und dann wollt i h r es so, wie es der Gott der Unterwelt will. Denn er will euch knechten, er will euch peinigen, er will, daß ihr gegeneinander seid, denn davon lebt er. Seid ihr füreinander und miteinander, dann bekommt er immer weniger Energie und muß aufgeben. Sein Kampf lohnt sich so und so nicht. Denn wenn die Erde zerbirst und der reine Teil der Erde zurückkehrt, dann geht es wohl in den Reinigungsebenen weiter, dort die Eingaben des Menschlichen, des Sündhaften, sind, doch der Stützpunkt ist nicht mehr – und die Stütze auch nicht mehr; es sind die Menschen, die dem dienen, der Ich nicht Bin.

Wahrlich, wahrlich, Ich sage euch: ICH BIN euer Vater von Ewigkeit zu Ewigkeit und im Gesetzesstrom als Einheit das ganze Herz Vater und Mutter, e i n e Kraft, e i n e Liebe, die Freiheit, die Gesundheit, die Freude und das Wohlergehen jedes einzelnen. Doch ihr entscheidet: Wollt ihr dahinvegetieren, oder wollt ihr leben? So sage Ich euch: ICH BIN das Leben von Ewigkeit zu Ewigkeit, und es gibt kein anderes Leben als das Leben, das ICH BIN und das euer göttliches Erbe ist. Auf welchen Wegen geht ihr? Laßt ihr euch vom Einen Hirten führen, von Christus? Oder laßt ihr euch von den Mietlingen verführen, die euch nur gemietet haben zu ihren Zwecken?

Ich gab euch durch Prophetenmund nur einen kleinen Einblick in eure Welt. Wenn ihr jedoch wachen Sinnes, mit ganzem Herzen, diese Welt betrachtet, dann wißt ihr, daß deshalb die Grausamkeiten zunehmen, weil sich die Menschen vom Gott der Unterwelt manipulieren lassen. Was wollt ihr? Haftet ihr an dieser Welt, dann geht ihr auch mit dieser Welt unter. Eure Seelen gehen an die entsprechenden Orte im Jenseits. Löst ihr euch von dem Treiben dieser Welt, indem ihr Schritt für Schritt Meine Gesetzmäßigkeiten, die Gebote, erfüllt und so auch die Bergpredigt, dann geht ihr in den Fußspuren des Jesus von Nazareth, und erlebt den wahren Gott, der euch frei und glücklich macht durch euren Erlöser, CHRISTUS, den Mitregenten der Himmel.

Mögen Meine ernsten Worte in euren Herzen nachschwingen. Mögen sie in das ganze Herz eingehen, denn dann erst seid ihr bereit, in die Fußspuren des Jesus von Nazareth zu treten und Ihm nachzufolgen, dem einzigen Hirten. Alle anderen Hirten sind nur Mietlinge, die euch gemietet haben für ihre Zwekke.

O sehet: ICH BIN der Gott, der euch ruft durch Prophetenmund, der euch ruft durch Christus, Meinen Sohn, euren Erlöser. ICH BIN der Gott, der euch geschaut und geschaffen hat und euch das ganze Erbe des Seins gab, auf daß ihr im ewigen Sein lebt ewiglich, in alle Ewigkeit. Das BIN ICH, der Gott, der Vater-Mutter-Gott der Liebe, des Friedens, der Harmonie, der Einheit und des Gemeinwohls, des Wohls für alle. Wen wählt ihr: den Gott eurer Zeit – oder den Gott der Ewigkeit, der ICH BIN?

Mein Wort durch Prophetenmund verklingt. Möge es jedoch in euch nachschwingen. Möge in jedem Gedanken, der unlauter ist, der Hall des Wortes sein, das Ich durch Prophetenmund gesprochen habe. Und merket euch wohl: Ich Bin nicht der Gott der Zeit. ICH BIN der Gott der Ewigkeit.

Mein Segen, Meine Liebe und Mein Friede berühren euch. Meine Kinder, ich segne den Seelengrund. Ich segne euer ganzes Herz, auf daß euer Wollen Mein Wille werde.

ICH BIN der ICH BIN von Ewigkeit zu Ewigkeit, so klingt es in der Unendlichkeit und auch durch Raum und Zeit.

ICH BIN der ICH BIN von Ewigkeit zu Ewigkeit.

Wer Mich kennt,
der geht an Meiner Hand

Offenbarung von Christus, 1991

Ich Bin das Wort des Alls.
Ich Bin in dir und du in Mir, Mein Kind.
Siehe: Ich rede zu dir, auf daß du Mich erfaßt i n   d i r .

Denn das materialistische Leben neigt sich. Doch die Flamme der Gerechtigkeit steigt immer höher. Ich Bin die Liebe und die Gerechtigkeit in Gott, eurem und Meinem Vater, Christus.

Habt ihr das Leben in eurem Inneren bewußt angenommen? Dann lebt ihr bewußt in Mir, und für euch ist alles offenbar. Denn Gott, unser ewiger Vater, hat keine Geheimnisse, auch nicht vor Seinen Menschenkindern. Das Geheimnisumwitterte seid ihr selbst; denn ihr macht aus dem, was wahres Leben ist, Geheimnisse. Ihr sprecht: „Gott ist nicht zu ergründen." Warum ist Er für viele nicht zu ergründen? Weil viele Meiner Menschenkinder sich selbst nicht ergründen, sich selbst nicht erkennen und so nicht zur Wurzel ihres Menschlichen kommen.

Solange ihr an der Oberfläche eures menschlichen Ichs lebt, findet ihr nicht zu den Tiefen des ewigen Seins und wißt nicht, wer ihr seid. Deshalb ist für viele Gott, das ewige Licht, in der Ferne. Für viele ist Gott das Geheimnis – und doch ist Gott, unser Vater, die Kraft und das Licht, jedem nahe.

O erkennet: Die Erde schenkt sich den Menschen. Wie auch der Mensch denkt, was er auf der Erde vollbringt – die Erde schenkt sich. Verarmt der Mensch im Inneren, dann wird er dorthin gehen, wo sich die Erde nicht mehr in dem Maße schenkt wie in anderen Ländern; denn Gleiches zieht Gleiches an. Die arme Seele ist dann auch im Äußeren arm.

So sagt nicht, ihr wäret im Inneren reich, weil ihr von der Mutter Erde Geschenke über Geschenke erhaltet. Jedem ist geboten, sich *selbst die Frage zu stellen: Nimmt er b e - w u ß t die Gaben von der Mutter Erde? Oder entwendet er die Gaben der Mutter Erde? Könnt ihr wahrlich sagen, ihr empfanget zu Recht von der Mutter Erde, weil ihr im Inneren reich seid?*

O sehet: In den Vorleben haben so manche Inneres Leben entfaltet. Heute verwerfen sie es wieder – und trotzdem befinden sie sich noch auf dem Teil der Erde, der schenkt, schenkt und schenkt. Morgen kann es ganz anders sein. Denn wenn der Mensch nur genommen hat, dann verarmt er im Inneren. Wo wird dann die arme Seele sein?

Die Frage muß sich jeder Mensch stellen: Wo wird die arme Seele sein – in den Stätten der Reinigung und in der nächsten Einverleibung?

Sehet: So, wie ihr heute empfindet, denkt und sprecht, so werdet ihr morgen leben. Sind eure Empfindungen, Gedanken und Worte arm, das heißt, besitzen sie wenig Lebenskraft, wenig Verwirklichungskraft, dann wird die Seele sich da und dort aufhalten. Wo? Wo sie hingezogen wird, gemäß ihrer Entfaltung – oder ihres Falls.

Höret die Stimme eures Bruders und Erlösers in eurem Inneren. Nicht allein die Worte bringen euch Weisheit, sondern der Inhalt der Worte ist erfüllt mit Liebe, Weisheit, Kraft und Fürsorge für jeden von euch. Wahrlich, Ich möchte euch umsorgen, möchte euch umgeben und möchte euch hin zum Inneren Leben führen, das der innere Reichtum ist.

O sehet: Viele Menschen blicken nur auf den Schein und erkennen nicht, was sich dahinter verbirgt. Ihr hört eure Massenmedien – sie s c h e i n e n. Könnt ihr in die Worte hineinhören, dann wißt ihr, wie es mit der Mutter Erde bestellt ist, und letzten Endes mit den Menschen, die auf der Mutter Erde leben, mit den Menschen, die heucheln, die etwas vorgeben, was nicht mehr ist – nämlich Friede.

Es ist kein Friede mehr auf der Erde, in den materiellen Schichten der Erde und auch nicht mehr in der Atmosphäre. Die Disharmonien der Menschen wirken sich wieder auf und in der Erde aus und auch in der Atmosphäre. Wer lebt dazwischen? Der Mensch. Wie? Viele im Schein – und wissen, sie müßten das Sein anstreben; doch für viele gilt immer noch das niedere Sein: sein zu wollen, haben zu wollen, besitzen zu wollen.

Sehet: Dieses Wollen hat bisher der Finsterling denen erfüllt, die es mehr und mehr eingegeben haben. Doch auch dem Finsterling zerrinnt nun vieles. Die Kugel rollt, und auch der finstere Geselle kann sie nicht mehr aufhalten. Er hat sie zum Rollen gebracht, und so wird auch er überrollt werden. Wer läßt sich daran aufspießen? Der, der immer noch im niederen Sein steht, der das ewige Sein nicht anstrebt, obwohl er den Weg zum ewigen Sein kennt; denn wegweisend sind die Zehn Gebote.

O sehet und erfasset, daß ihr noch viel zu wenig über euch selbst nachdenkt – nämlich über euer wahres Selbst, wer ihr seid. Ist euch dies bewußt geworden, daß ihr das wahre Selbst seid, Kinder des Alls, ausgestattet mit den Kräften des Alls? Ist euch dies bewußt geworden? Dann werdet ihr immer weniger sündigen. Denn dann wirkt in euch die Erhabenheit des Ewigen, und ihr werdet von Mal zu Mal, von Schritt zu Schritt hin zum ewigen Licht klarer, euer Bewußtsein heller – und ihr schaut dann ganz allmählich in das Leben, Gott, hinein und erfaßt in eurem Inneren: Gott hat keine Geheimnisse. Gott schenkt sich.

Sind die Früchte vor euch Geheimnisse? Der Mensch sagt: „Nein, weil ich sie sehe." Solange ihr mit euren fleischlichen Augen schaut, sind auch die Früchte für euch Geheimnisse; denn ihr habt noch nicht in eurem Inneren erfaßt, daß jede Frucht zu euch spricht und somit mit euch in Kommunikation steht.

Habt ihr die innere Größe erlangt? Spürt ihr in euch Gottes Erhabenheit? Dann merkt ihr, wie nahe euch Gott ist – ja, Er blickt *euch durch die Früchte an. Er schaut euch durch die Augen der Tiere an, durch die blühenden Blumen, durch Gräser, durch Sträucher und Bäume. Er schaut euch durch jedes Mineral an, durch den einfachsten Stein, durch das Staubkorn und Sandkorn.*

Habt ihr die Tiefen des Lebens ergründet, dann habt ihr zurück zum Urgrund gefunden, zum wahren Leben – und ihr seid reich im Inneren. Ihr braucht euch dann nicht um morgen zu sorgen – es i s t gesorgt.

Auch wenn die materialistische Welt zusammenbricht – Ich weiß die zu führen, die nahe dem Urgrund sind oder schon im Urgrund leben. Ich, Christus, kenne die Wege und Stege. Ich kann euch die Wege über reißende Flüsse führen, über die aufbrechende Erde, über heißes Gestein, über brodelnde Berge.

Ich kenne euch. Und wer Mich kennt, der geht an Meiner Hand. Wer kennt Mich? Nur der kennt Mich, der sich selbst kennt. Kennt ihr euch? Wenn ja, dann gibt es für euch keine Geheimnisse. Der Urgrund, in dem ihr dann lebt, hat keine Geheimnisse; denn Gott, unser aller Vater, hat jedem von uns die Unendlichkeit als Ganzes geschenkt.

Du bist die Unendlichkeit.
Ich Bin die Unendlichkeit.
Du bist das All, und Ich Bin das All.
Sprichst du die Sprache des Alls – dann verstehst du Mich, weil du dich kennst. Dann kennst du auch Mich.

Was ist Sommer? Sommer ist Licht. Hast du das Innere Licht? Dann kennst du Mich. Hast du das Innere Licht – dann kennst du jede Frucht, jedes Tierlein, jeden Grashalm, jeden Stein. Kein Planet ist dir fremd. Du kennst den Weg der Gestirne, weil du das Gesetz des Lebens kennst, der du das Gesetz selbst bist.

O Mein Bruder, Meine Schwester, sage nicht: „Der Weg ist noch so weit bis hin zum ewigen Sein." Siehe: Der Weg ist so nah. Er ist da. Weißt du, wo? In jeder Empfindung, in jedem Gedanken, in jedem Wort und in jeder Handlung ist der Weg, ist das Sein – Bin Ich.

Kehre um! Verwandle die niedere Energie in positive Kraft – und du wirst nicht mehr sagen: „Wie weit ist der Weg!"

Jetzt, in diesem Augenblick, e i n selbstloser Gedanke – und du spürst und empfindest Mich, das Sein.

Jetzt, in diesem Augenblick, die Frucht des Lebens erkannt – und du kennst den Weg, du kennst Mich; denn Ich Bin alles in allem.

Kennst du dich, dann kennst du Mich.

Kennst du die Früchte, dann kennst du Mich.

Sei bereit, das Leben anzunehmen; denn das materialistische Leben schwindet. Gott kommt dem näher, der selbstlos liebt. Dir werden die Gaben der Liebe gereicht – liebst du sie? Frage dich! Liebst du die Gaben des Lebens? Liebst du die Früchte, die du mit deinen irdischen Augen siehst – nicht nur, um deinen Hunger zu stillen, sondern weil sie ein

Teil von dir sind? Dann erst beginnst du, Gott, deinen Vater, zu lieben.

Bruder, Schwester, siehe: Auf dem großen Erdenrund ist es schon nach zwölf. Wo stehst du in deinem Leben? Dürstet dich noch nicht nach der Liebe des Vaters? Dann könnte es sein, daß du irgendwo an einem Ort verdürstest und hungerst nach der Gerechtigkeit.

Denn so, wie die Ursachen mehr und mehr auf die Menschen hereinbrechen, so strahle Ich in diese Welt und in die Stätten der Reinigung. Ich strahle euch den Inneren Weg zu. Ich strahle euch euer Leben zu, das unser aller Leben ist, das Gesetz der selbstlosen Liebe. Wohl dem, der erkennt, warum Gott, unser ewiger Vater, das Füllhorn auf die Menschheit ausgießt – weil es in Kürze mit der materialistischen Welt mehr und mehr zu Ende geht und da und dort vorbei sein wird.

Bis dies alles geschehen ist, werden viele von euch noch vieles erleben – der eine Leid, der andere Freud, so, wie er sich selbst auferlegt hat. Doch in Mir, Christus, ist die Umkehr. In Mir, Christus, ist die Einkehr; denn

Ich wohne in euch. Einwärts geht der Weg. Denn Ich, Christus, Bin in euch. Wo sucht ihr Mich? Ich Bin in euch. Wo ihr auch seid – Ich Bin in euch.

Denkt daran, wenn diese materialistische Welt mehr und mehr aus den Fugen gerät, wenn der Wohlstand erzittert – und der Mensch dann nur noch seinen Stand erkennt. Von Wohlstand wird dann nicht mehr die Rede sein. O denkt weise darüber nach! Meine Worte sind mahnend. Doch so mahnend, wie sie sind, so strahlen sie auch Sorge aus. Ja, Ich will euch umsorgen, möchte euch hegen und pflegen, möchte euch hinführen in das Gelobte Land, zu der sicheren Scholle, zu dem Inneren Licht.

Kommet! Ich rufe euch. Kommet! Ich, Christus, weide Meine Schafe. Kommet – Ich führe euch zu den sicheren Auen des Lebens und mache euch zu Lämmern. Kommet, ihr Schafe! Ich, Christus, Bin da – in dir, Mein Bruder, in dir, Meine Schwester. Hast du Mich erkannt? Dann hast du auch dich er-

kannt, und du wirst die Tiefen des Lebens ergründen, den Urgrund des Seins – dich selbst.

Komme, und sei. Erwache, auf daß Friede wird in dir; denn nur durch friedvolle Menschen wird der Friede auf die sich reinigende Erde kommen. Ich Bin bei euch, in euch, in der Frucht – überall Bin Ich das Leben. Ich Bin der Friede und der Friedefürst für das Innere Reich, das auf die gereinigte Erde kommen wird. Nach und nach baut es sich auf. Seid ihr dabei? Dann seid ihr m i t Mir.

Ich Bin Friede.
Meinen Frieden strahle Ich euch zu, auf daß es in euch Friede werde.

Friede

Seid ihr Hörige dem Gott der Unterwelt und seinen Göttern?

Offenbarung GOTT-Vaters, 1997

Ich Bin der ICH BIN, der Namenlose.

Menschen in den verschiedenen Völkern dieser Erde haben für Mich, das ICH BIN, verschiedene Namen. Die einen nennen Mich Gott, die anderen Jehova, wieder andere das Ur-Prinzip oder das ewige Selbst oder der Ewige oder das Sein. Weitere Namen werden Mir, dem ICH BIN, gegeben, doch Ich Bin der Namenlose, das ewig Strömende. Ich Bin in dir, o Mensch, das ICH BIN. Ich Bin in jedem Stein das ICH BIN. In jedem Stern, in jeder Kraft, in jedem Atom Bin Ich das ICH BIN. Ich Bin das ICH BIN in jeder Pflanze, in jedem Tier. Ich, das ICH BIN, Bin alles, und das, was Ich Bin, das Ganze, ist auch in der materiellen Form.

O Mensch, du bist der Träger des ICH BIN. Ist dir das bewußt? Wo du auch hinblickst, in allem ist das ICH BIN, das Namenlose. Es ist das ewige Gesetz, es ist der strömende Geist.

Viele nennen Mich Gott, doch Gott ist in dir, o Mensch, das ICH BIN, und du bist deinem göttlichen Wesen nach ein Ebenbild des ICH BIN und bist göttlich. Viele Menschen beten Mich als den Vater an. O erkennet: Aus dem Unpersönlichen, dem Strömenden, dem Geist, dem ICH BIN, gab Ich Mir die Form, so, wie Ich allen reinen Wesen die Form aus dem ICH BIN, dem Strom, gab und gebe. Ich Bin der Vater, die Form aus dem ICH BIN. Sind deine inneren Augen geöffnet, bist du wieder göttlich, dann schaust du dich als das reine Wesen, als das Ebenbild deines Vaters, Den du schaust, als Wesen; denn aus dem ICH BIN, der allgegenwärtigen Kraft, gab Ich Mir die Form, auf daß Meine Kinder, Meine Söhne und Meine Töchter, Mich schauen können von Angesicht zu Angesicht. Ist jedoch dein Angesicht, o Mensch, verschleiert, dann sehen deine Augen nun das, was du selbst geschaffen hast: Sünde. Sind deine Augen rein geworden, dann nimmst du in deinem Herzen das ICH BIN wahr, das ewig Strömende – es ist d a s L e b e n . Das Leben ist das ICH BIN. Kannst du es schauen? Du erlebst das Leben in deinen Bewegungen, in deiner Art, doch das Leben ist so lange i n d i r wirksam, bis du selbst zum Leben geworden bist, also formgewordenes Wesen aus Mir, das Geistwesen.

O ihr Menschen in allen Völkern dieser Erde, viele von euch nennen Mich Vater und beten im Gebet der Einheit Mich, den Vater, an. Doch erweist ihr euch als Kinder des ewigen Vaters? Oder sind viele von euch höllisch geworden in der Anbetung des Gottes der Unterwelt?

Blickt in eure Welt, und ihr erblickt das Chaos, das Chaos jedes einzelnen, der sich von Mir abgewendet hat. Es ist das Weltenkarma. In diesem Weltenkarma trägt jeder mit. So mancher spricht: „Wo ist meine Schuld?"

Kontrolliere deine Gedanken, und du erkennst eine Teilschuld.

Weshalb spreche Ich durch Prophetenmund? Weil ihr Mich, euren Vater, nicht mehr verstehen könnt! Ihr vernehmt Mich nicht mehr in euren Herzen, weil eure Herzen immer mehr erkalten, ganz nach dem Willen des Gottes der Unterwelt. So seid ihr dessen Untertanen und fühlt euch gleichsam froh und glücklich, dann, wenn ihr einen kleinen Besitz habt, den ihr euer Eigen nennt. Was ist denn euer Eigen? Euer Eigen ist der Himmel, und solange ihr diesen nicht erschließt, seid ihr Hörige dem Gott der Unterwelt und seinen Göttern.

Ihr habt es zugelassen, daß sich Mittler zwischen Mich und euch schoben. Ich nenne sie global eure Theologen. Ihr nennt eure Theologen eure sogenannten kirchlichen Obrigkeiten. Ihr verleiht ihnen Würden und nennt sie die Würdigen, doch im Vaterunser betet ihr: Vater. Mich sprecht ihr als euren Vater und Gott an, doch den Sündern sprecht ihr die Würden zu, indem ihr sie die Würdigen nennt.

Ich frage euch, Meine Kinder: Was tragt ihr in eurem Haupt? Einen Hohlraum – oder ein Gehirn, das für das Denken ausgelegt ist und für das Wägen? Doch solange ihr von euren Mittlern manipuliert werdet, denkt ihr so, wie eure Mittler es wollen. Und eure Mittler wollen, daß ihr euch auf sie einstimmt und nicht auf Gott, euren Vater, der Ich Bin. Solange der Mensch nicht wägt, bleibt er ein Sünder und huldigt der Sünde und den Sündern, denn er blickt auf die Sünder, die sich die Würdigen nennen.

O sehet, auf diese Weise haben sich viele von Mir abgewendet. Sie fürchten sich vor dem Gott der Liebe, der Ich Bin, und glauben, die Mittler könnten ihnen helfen, könnten den Gott wohlstimmen für den Sünder. O, ihr Kinder, ihr seid Törichte geworden!

Schaltet eure „Mittler" aus, und wisset und fühlet: Ich Bin der ICH BIN in dir, die große Liebe.
Wisse: Ich liebe dich.
Wisse: Ich helfe dir.

Wisse: Ich führe dich durch Meinen Sohn, deinen Erlöser, wieder zurück zu Mir.

Wisse: Ich Bin das Leben, und du bist ewiges Leben.

Gehe in dein Inneres. Bete zu Mir in deinem Herzen, im Urgrund deiner Seele, und erfülle Schritt für Schritt deine Gebete. Und willst du Mich noch näher kennenlernen, dann betrachte die Zehn Gebote, die Ich der Menschheit durch Mose gab. Fühle dich in die Bergpredigt Jesu hinein. Dann weißt du, was du zu tun hast, um Mir, Gott, deinem Vater, näherzukommen.

O Menschenkind, du kommst Mir ausschließlich in deinem Herzen näher, in dir selbst – niemals durch Mittler!

O erkennet: Ihr habt die innere Wahrnehmung verloren. Ihr habt das Fühlen verloren. Ihr wißt nicht mehr, was es heißt: Gemeinschaft und Gemeinwohl, Wohl für alle. Viele sind nur auf sich bezogen und haben ihre Gefühle, ihr feines Empfinden, vor sich selbst verschlossen. Und somit sind viele Marionet-

ten geworden, die, ohne zu denken, dem Gott der Unterwelt dienen und dessen Göttern.

Und so mancher fragt: „Wenn ich sündige, dann strafst Du mich, o Gott!" O Kind, in Meinem ganzen Gesetz der Liebe gibt es keine Strafe. Du glaubst an das Astralgesetz „Was der Mensch sät, das wird er ernten". Das ist die Strafe – du selbst bestrafst dich durch deine Saat, durch deine Sünde.

O erkennet: Solange der Mensch nur auf sich selbst bezogen ist, hat er keinen Bezug zu seinen Nächsten und schon gar nicht zur Tier-, Pflanzen- und Mineralwelt, auch nicht zu den Gestirnen. Er fühlt sich als der sogenannte Übergott und ist doch nur der Sklave des Gottes der Unterwelt und dessen Götter.

O erkennet und erfasset, daß diese eure Welt nicht auf Dauer existieren kann. Global gesprochen, ist diese Welt schon in den Abgrund gefallen. Doch der Gott der Unterwelt will noch retten, was zu retten ist. Er hat sich mit seinen Göttern auf den Stützpunkt „Welt" zurückgezogen, um durch Manipulation zu konservieren, was noch zu konservieren ist, um von dem Stützpunkt „Welt" aus Mich weiter zu bekämpfen. Ihr, jeder einzelne, muß allmählich erkennen, daß auf diese Welt die ganze Atmosphäre herniedergeht, einschließlich der Atmosphärischen Chronik, in der die ganze Menschheitsgeschichte gespeichert ist, all das, was noch nicht gesühnt ist. Eure Krankheiten, eure Nöte, eure Sorgen, eure Seuchen und vieles mehr kommt von euch selbst. I h r habt diesen Unrat eingegeben, und nun kommt er auf euch zurück.

Ihr Menschen in allen Völkern dieser Erde, habt ihr noch nicht erkannt, daß ihr manipuliert werdet, daß ihr gleichgeschaltet werden sollt? Habt ihr noch nicht gemerkt, daß die Mittelsphäre eines Volkes aufgelöst werden soll? Mit euren Worten gesprochen: es ist der Mittelstand. Ihr alle sollt Sklaven werden, bewußte Untertanen des Gottes der Unterwelt. Mit allen Mitteln versuchen der Gott der Unterwelt und seine Götter, alles zu konservieren und gleichsam eine künstliche Atmosphärische Chronik zu schaffen über eure sogenannte

Technik. Alles spielt sich nun mehr und mehr in eurer Welt ab, denn die Atmosphäre kommt auf euch hernieder und all der Unrat, den ihr in die Atmosphäre gegeben habt. Der Gott der Unterwelt sagt sich: „Durch Genmanipulation kann ich so manches haltbar machen." Und er wird auch vor den Menschen, vor euren Körpern, nicht zurückschrecken, denn er braucht euch als willige Sklaven, als Arbeiter, als Gleichgeschaltete, die nur einen Gedanken haben, und der heißt: „Ich! Alles für mich, nur für mich! Der Nächste ist mir einerlei – Kampf, Krieg, Zerstörung, Mord, Totschlag, Vergewaltigung" und vieles mehr.

O erkennet: Wenn er euch auch konserviert – denn so manchen hat er schon konserviert –, es kommt die Stunde, in der sich die äußere Hülle löst und die Seele der Hülle entweichen wird, ja entweichen muß, denn in der Seele ist das ICH BIN, und das ist unsterblich. Es kann nicht zerstört, nicht manipuliert werden. Ich Bin der Atem in dir, o Mensch. Geht der Atem aus deinem Körper, dann atmet die Seele weiter. Da kann der

Gott der Unterwelt machen, was er will – das Reine in dir habe Ich geschaffen, und es kehrt zurück zu Mir, und sei es über viele Zyklen in den Stätten der Reinigung, wo es heißt: Abtragung.

Und so mancher stellt sich die Frage: „Was trage ich ab?" O Mein Kind, empfinde und fühle nun mit. Ich gebe dir einige Bilder, und so du ehrlich bist, erlebst du in Aspekten, was auf dich im Seelenreich zukommen kann, aber auch in dieser oder in einer anderen Einverleibung.
Wie stehst du zu deinem Nächsten?
Ist dein Nächster ein Teil deines Lebens?
Oder ist er dir gleichgültig?
Du bist reich und angesehen. Siehe, gehört das alles dir? Hast du das Teilen nicht gelernt, um allmählich einzugehen in das Wohl für alle, in das Gemeinwohl, dann wirst du arm werden in einer anderen Einverleibung, oder du wirst in den Stätten der Reinigung das erleben, was du deinen Nächsten nicht hast zukommen lassen.

Ich gebe dir weitere Bilder. Du sitzt bei deinem Mahl und verzehrst Fleisch und Wurst. Es sind Teile von deinen Übernächsten, den Tieren. Weißt du, wie dieses Tier, von dem du Teile verzehrst, in Ställen leben mußte? Weißt du, wie es niedergemetzelt wurde? Weißt du überhaupt, daß dann, wenn das Blut noch fließt, auch wenn das Herz stillsteht, Menschen und Tiere empfinden, immer noch empfinden? Das alles und vieles mehr ist in deinem Stück Fleisch, das du verzehrst; es ist die Information, die in dein physisches Leben übergeht und mit der Zeit auch deine Gene manipuliert.

Ihr alle nehmt die sogenannten Organverpflanzungen hin. Wisset ihr nicht, wenn ein Mensch hinscheidet und das Blut noch fließt, daß dieser Mensch noch empfindet und fühlt? Doch ihr reißt ihnen die Organe aus dem Leib für den Nächsten. Was seid ihr für Menschen geworden?! Und dann betet ihr zu Mir und sprecht, Ich würde euch bestrafen!

Ihr holzt die Wälder ab. Ihr schlagt Büsche und Bäume, die im Saft stehen. Wenn der

Saft fließt, empfindet auch Baum und Strauch. Werden die Mineralien brutal aus dem Boden entnommen, die Steine zermahlen – wißt ihr nicht, daß in allem das ICH BIN ist und daß jede Lebensform empfindet, auch der kleinste Stein, auf den ihr tretet? Er gibt sich hin für die lichten Wesen, doch er muß sich hingeben für die Brutalität, die sich vielfach Mensch nennt.

Viele von euch sagen, Tiere haben ansteckende Krankheiten. Wer hat sie angesteckt – Gott oder der Mensch? Diese Informationen nehmt ihr auf und erlebt die ansteckenden Krankheiten an eurem physischen Körper. Wer ist schuld? Gott? Oder ihr selbst?

Seht dies alles in euren Bildern! Das Tier in euren Schlachthöfen, aufgehängt, gleich erhängt – es blutet und fühlt.
Tiere, auf engstem Raum. Sie leiden. Fühlt!
Tiere in euren sogenannten Tiertransporten. Fühlt, wie so manches Tier grausamst zugrunde geht.

Fühlt in eure Laboratorien hinein. Tierversuche. Hier eine Spritze, dort eine Spritze, im engsten Raum gehalten und beobachtet.

Wenn euch dies alles passiert, wenn euch dies alles geschieht, was sagt ihr dann? All diese Bilder werdet ihr erleben, und ihr werdet gemäß eurem Dazutun die Schmerzen, die Qualen der Tiere, der Pflanzen und der Mineralien erleben.

Wenn euch im Diesseits die Schicksale treffen, dann klagt ihr Mich an. Beklagt euch bei dem Gott der Unterwelt und bei seinen Göttern, denen ihr gedient habt und dient, rücksichtslos gegenüber dem Leben. Und so rücksichtslos seid ihr gegenüber eurem eigenen physischen Körper, aber auch gegenüber eurer Seele, die spätestens in den Stätten der Reinigung schmachtet, denn sie muß anteilmäßig das erleben, was der Mensch in dieser Welt zugelassen hat. Was nützt euer Schweigen? Was nützt auch euer Protestieren? Mehr könnt ihr nicht. Es nützt euch nichts. Der Gott der Unterwelt schreitet voran, bis sich ein Pol bewegt, und dann ist es vorbei mit dieser Welt. Wohlgemerkt: mit dieser Welt – nicht mit dieser Erde. Wo geht es weiter? In den Stätten der Reinigung. Dort finden sich die entkörperten Seelen wieder, im selben Zustand. Ihr tragt also euren Zustand in die Stätten der Reinigung. Dort heißt es Abtragung. Dort ist euer Blick auf eure Eingaben gerichtet, auf eure Bilder. Sie sind ähnlich derer, die Ich euch kurz geschildert habe.

Gnadenlos und unbarmherzig sind viele Menschen. Gnadenlos und unbarmherzig bleiben sie – und rufen in der letzten Stunde ihres physischen Daseins nach Mir? O sehet, die Gebote durch Mose wurden euch nicht für die letzte Stunde gegeben, auch nicht die Bergpredigt Jesu! Diese Gesetzmäßigkeiten für das höhere Leben wurden euch für euer irdisches Dasein gegeben, auf daß ihr eure Sünden erkennt, eure erkannten Sünden mit der Hilfe des Erlösersgeistes, des Christus Gottes in euch, bereut, bereinigt und diese Sünden nicht mehr tut. Das ist Wachstum hin zum Inneren Leben. Dazu bedarf es nicht der Mittler. Dazu bedarf es eines durchlichteten Verstandes, der noch abzuwägen weiß, was gut und was schändlich ist.

O sehet, ihr selbst, jeder einzelne von euch hat die Freiheit, sich selbst zu quälen oder sich von den Sünden zu befreien durch die Hilfe der erlösenden Kraft in euch. Jeder Tag ist ein Geschenk aus den Himmeln, ein Geschenk des ICH BIN, der Ich Bin, auf daß ihr die Schritte tut, hin zu Mir. Dazu bedarf es nicht der Mittler, sondern des guten Willens, um aus der Sklaverei herauszufinden zu einem gottbewußten Menschen, der weiß, was es heißt, die Gesetze der Liebe und des Friedens zu erfüllen. Und so ihr dies nicht tut, entartet ihr immer mehr. Das will der Gott der Unterwelt und seine Götter.

Was nützt es euch, wenn ihr heute protestiert und morgen wieder das Fleisch eurer Übernächsten, der Tiere, verzehrt? Was nützt es euch, wenn ihr viel Ungereimtes, Ungöttliches seht – und schweigt? Wer schweigt, sagt, er tut Gleiches und Ähnliches. Welche Mittel habt ihr schon in der Hand, um gegen den Gott der Unterwelt, der euch gefangenhält, vorzugehen? Es ist einzig das ICH BIN, und das ist in euch. Es ist euer wahres Sein. Es ist euer wahres Leben. Es ist das ewige Gesetz der Liebe, des Friedens, der Freiheit und der Einheit. Wollt ihr diese inneren höchsten Werte erlangen? Dann meßt euer Fühlen, Empfinden, Denken, Sprechen und Handeln an den Geboten, die Ich durch Mose gab, und an der Bergpredigt Jesu. Was dagegensteht, das bereut mit der Hilfe eures Erlösers, Christus, in euch, das bereinigt mit eurem Nächsten, aber auch mit euren Übernächsten durch Mich, den Schöpfergeist. Bereinigt es mit der gesamten Natur, und tuet solches nicht mehr. Das ist der Weg heraus aus der Sklaverei. Dann beginnt ihr allmählich, göttlich zu denken. Doch vergeßt nicht: Dann werdet ihr angegriffen von dem Gott der Unterwelt und seinen Göttern, denn wer zum inneren Denker wird, wird gefährlich. Deshalb soll die mittlere Sphäre des Volkes ausgeschaltet werden, weil die mittlere Sphäre den Göttern zustrebt, und zu viele Götter sind zu schädlich für den Gott der Unterwelt. Sie werden sich uneins und bekämpfen sich gegenseitig, ähnlich, wie sich auch die Dämonen in Bereichen der Astralwelten bekämpfen.

O erkennet in euren Herzen, und erfasset mit euren Sinnen, daß ihr keiner Mittler bedürft, sondern ihr bedürft der Gesetzmäßigkeiten des Lebens, die euer göttliches Erbe sind. Erfüllt diese jeden Tag mehr, und ihr werdet gottbewußte Denker. Und je mehr Menschen dies tun, um so rascher entsteht eine große, mächtige gottbewußte Einheit von Menschen, die sich Brüder und Schwestern nennen, die bewußt Meine Kinder, Meine Söhne und Töchter, sind, die ganz allmählich sich zusammenscharen, um das angekündigte Reich Gottes auf dieser Erde zu erstellen, das Reich der Liebe und des Friedens. Doch das kommt nicht vom Himmel geflogen – es kann nur durch euch kommen, durch jeden einzelnen von euch, denn ihr seid im Seelengrund Kinder des Himmels. Ihr habt euch zu Skla-

ven gemacht mit euren Höllengedanken. Höret auf! Kehret um, und wisset: Ich Bin der ICH BIN, und Ich Bin dir, Mein Kind, dir, jedem einzelnen, ganz nahe. Wo? In deinem Gedanken. In deinem Wort. In deiner Empfindung und in deinem Gefühl. Ich klopfe an dein Gefühl. Höre – es ist das Gewissen. Ich poche in deinem Herzen. Ich poche und klopfe in deinem Wort. Höre, und überprüfe deine Worte, ob sie gottgewollt sind. Überprüfe deine Gedanken.

Ihr sagt, Gott, Mir, näherzukommen, wäre sehr schwer. O ihr törichten Kinder! Wie weit habt ihr euch doch von Gott, eurem Vater, der Ich Bin, entfernt! Einen Hauch der Ehrlichkeit, einen Hauch des guten Willens, der Umkehr, der Hinwendung zum Inneren Leben, das Ich Bin – und ihr fühlt die Hilfe eures Erlösers, und ihr vernehmt den zarten Hauch Gottes in eurem Atem, denn ihr werdet ruhiger und der Atem tiefer. Voraussetzung ist jedoch, daß ihr der Sklaverei der Sünde entrinnen w o l l t .

Nehmt die Gebote zur Hand, die Ich durch Mose gab. Nehmt die Bergpredigt Jesu zur Hand. Vertieft euch in den Sinn der Gesetzmäßigkeiten. Lest nicht nur das Wort. Betrachtet das Wort als das Ganze, und bittet um Erleuchtung – und es wird euch gegeben! O sehet, das ist der einfachste, aber unmittelbare Weg mit Christus, eurem Erlöser, zu Mir, eurem ewigen Vater. Ist euch das zu einfach? Ihr glaubt, Ich wäre so kompliziert, wie eure Mittler es sind, die ein Scheingebilde um den großen Gott, der Ich Bin, machten. Doch all dieses Scheingebilde ist nur das Ego, das niedere Ich der Mittler. Sie wollen euch in diesem Scheingebilde bewahren, gleichsam konservieren, auf daß ihr nur auf die Mittler blickt, anstatt auf Gott, euren Vater.

Sehet, solange ihr mit den Augen der Sünde schaut, erblickt ihr nur wieder eure Sünden. Lernt. Lernt, in euren Nächsten, den ihr abwertet, den ihr haßt, den ihr neidet, hineinzuspüren, und ihr erlebt den feinen Hauch Gottes, der Ich Bin. Dann habt ihr die Kraft, mit eurem Nächsten Frieden zu schließen. Will es euer Nächster nicht, dann haltet i h r den Frieden in Gedanken, Worten und Handlungen, aber auch in euren Gefühlen und Empfindungen. Das ist der Weg.

Spürt in ein Tier hinein. Es empfindet, gemäß seinem Bewußtseinsstand. Fühlt hinein. Es empfindet, denn Leben ist feinste Empfindung. Könnt ihr es dann malträtieren? Könnt ihr es dann erschlagen? Könnt ihr es dann verzehren? Fühlt hinein in das Leben der Bäume, der Sträucher, der Blumen. Ja, fühlt hinein in jeden Stein. Übt euch, und ihr erlebt den Hauch des ICH BIN. Könnt ihr dann Bäume, die im Saft stehen, niedermachen, gleichsam das Leben nehmen?

O sehet, aus diesen feinsten Empfindungen, die ihr dann gewinnt, fühlt ihr allmählich, was es heißt, in Mir zu leben. Ihr werdet dann Schritt für Schritt den höheren Idealen und Werten zustreben. Und mit der Zeit lernt ihr, zu teilen, mit denen, die auch teilen. Daraus ergibt sich das Gemeinwohl und das

Wohl für alle. Das ist im Gesetz des Lebens die Einheit, und das ist wieder euer göttliches Erbe.

Doch jeder hat den freien Willen, sich selbst zu quälen, sich selbst zu malträtieren, sich dem Gott der Unterwelt als Sklave zu verschreiben – oder sein göttliches Erbe anzutreten. Das ICH BIN, der Geist, das Leben, zwingt euch nicht. Doch der Gott der Unterwelt zwingt euch, dies und jenes zu tun. In dem Augenblick, wo ihr den Druck fühlt, sollt ihr i h m dienen. Ich zwinge euch zu nichts. Ich übe keinen Druck aus. Ich gab euch Meinen Sohn, euren himmlischen Bruder. Aus Ihm floß die Erlöserkraft für jede Seele und für jeden Menschen. Er gab Sich der Menschheit hin. Sein Geist blieb in Mir und ist in Mir. Es ist e i n Geist, e i n e Liebe, die in euch wirkt. Stellt euch selbst die Frage: Wem wollt ihr dienen? Dem Gott der Unterwelt – oder allmählich, ganz allmählich, den himmlischen, ewigen Gesetzen, dem ICH BIN? Habt ihr das Dienen dem Göttlichen gegenüber gelernt, dann seid ihr bewußt wieder die

Söhne und die Töchter Gottes, standhaft in Meinem Geiste, standhaft in eurem göttlichen Erbe, das Ich Bin. Nur auf diese Weise könnt ihr die Mutter Erde – nicht mehr diese Welt –, die Mutter Erde zu einer blühenden Oase errichten, zu einer blühenden Oase verhelfen, gleichsam das Leben aufrichten, so daß die Mutter Erde immer lichter wird, immer sonniger und ein Leben entsteht, davon ihr jetzt als Menschen noch keine Ahnung habt. Denn die Samen in der Erde tragen das Leben in sich, das ICH BIN. Es ist eine andere Natur. Es sind andere Tiere. Das entsteht durch andere Menschen, die gottbewußt leben, die sich als Söhne und Töchter Gottes erweisen.

Prüft euer irdisches Dasein, das aus eurem Fühlen, Empfinden, Denken, Sprechen und Handeln besteht. Und fragt euch selbst: Was wollt ihr? Die Entscheidung liegt nicht nur in euren Händen – sie steht auch in eurem Verstand. Und wer noch wägen kann, der weiß jetzt, was er zu tun hat.

Ich Bin der ICH BIN.

Mache dir bewußt, Mein Kind, Ich Bin in dir. Ich Bin dir ganz nahe. Ich Bin dein wahres Leben. Ich Bin die Liebe, die Güte, die Sanftmut und für jeden Willigen die Gnade, die einsetzt, wenn du willst, das heißt, wenn du umkehrst und Schritt für Schritt die Gesetzmäßigkeiten des Lebens erfüllst, die in den Zehn Geboten und in der Bergpredigt zu finden sind.

Ihr Menschen in allen Völkern dieser Erde, machet euch bewußt:
Ich Bin der ICH BIN, das Leben. Wie ihr Mich auch nennt – wer Mich mit seinem Herzen anspricht, mit der Bitte aus dem Seelengrund, dem gebe Ich Antwort, einerlei, wie er Mich nennt. Urquell oder Urprinzip, Gott oder Gott-Vater, Jehova oder Sein – einerlei: Ich kenne dich, o Menschenkind! Dein wahres Sein steht mit Mir in Kommunikation. Schöpfst du aus dieser Quelle, und bittest du aus vollem Herzen, dann wird dir auch gegeben. Die Gnade und die Barmherzigkeit werden dir zuteil.

So empfange ganz bewußt die Worte.
Nimm sie auf. Sie sind Kraft und Segen.
Ich Bin der ICH BIN ewiglich.
Ich Bin der ICH BIN ewiglich.

ICH mache alles neu

Offenbarung GOTT-Vaters, 1991

*I*ch Bin der Ich Bin, das Wort der Unendlichkeit.

Ich Bin der Ich Bin, die Kraft in allen Gestirnen, das Licht in allen Seelen und Menschen.

Ich Bin die Schöpferkraft in jedem Tier, in jeder Pflanze, in jedem Stein.

Ich Bin das All und das Gesetz des Alls.

Wer Meine Stimme spricht, der ist zum Gesetz des Alls geworden; er ist bewußtes Leben in Mir.

Ich Bin die Allgegenwart, der Strom, das Sein. Aus dem Strom des Lebens nahm Ich Form an, also Gestalt, wurde zum Geistwesen, zu eurem Vater, den ihr auch den Vater-Mutter-Gott nennt. Aus dem Strom des Alls, der Ich, das Sein, Bin, nahm Ich selbst

Form, ja Gestalt an. Somit Bin Ich formgewordenes All, euer Vater.

Wer es fassen kann, der fasse es. Wer es lassen möchte, der lasse es. Doch erkennet: So, wie Ich Form annahm, so habe Ich euch geformt. Ebenfalls aus dem Strom des Alls seid ihr hervorgegangen, habt geistige Form angenommen. Diese Form wird das Geistwesen genannt, das Lebensprinzip der Himmel. Infolgedessen seid ihr im Geiste Meine Ebenbilder und Meine Kinder. Jetzt seid ihr Menschen und sprecht die Sprache der Menschen. Deshalb nahm Ich Mir ein Instrument, einen Menschen, um durch Mein Instrument in eurer Sprache, mit euren Worten, zu sprechen, auf daß ihr Mich, die ihr Menschen seid, verstehen könnt.

Doch erkennet: Mein heiliges Wort ist das All und das Gesetz. Es ist in jedem physischen Wort enthalten. Wer Mich wahrlich vernehmen möchte, der erfasse den Sinn des Wortes; denn Ich Bin im physischen Wort Das Wort, das Gesetz der Unendlichkeit.

Meine Kinder, Ich rufe euch, auch im Namen Meines Sohnes, eures Erlösers, euch der Kindschaft Gottes bewußt zu werden – bewußt zu werden, daß ihr Meine Kinder seid. Ich Bin unsterblich, und ihr seid unsterblich. Wenn auch die Hülle, der Mensch, hinwelkt und hinscheidet, wisset: In der Hülle ist die Seele, die durch Christus wieder zum Geistwesen wird, zum Bewohner des Himmels; denn ihr seid in Wahrheit, tief in eurer Hülle, Kinder des Himmels. Euer Weg geht von der Erde über die Gestirne zu Mir, zum ewigen Sein.

Erkennet und erfasset und erspüret Mein Wort in eurem Herzen; denn Ich spreche Mein Wort in eure Herzen hinein, auf daß ihr den Sinn erfasset.

O erkennet: Durch den Fallgedanken sind viele Meiner Kinder von Mir gegangen, denn sie glaubten, die ewigen Seinsformen wieder auflösen zu können, so daß es wieder so sei wie vor der Schaffung – strömender Geist in der Unendlichkeit, ohne geistige Formen. Doch

Ich Bin das ewig vollkommene Prinzip. Was Ich geschaffen habe und schaffe, ist unumstößlich. Es kann nicht aufgelöst werden. Das war Täuschung des manifesten Teilchens aus Mir.

Höret, Meine Kinder im Erdenkleid: Viele Meiner Kinder sind gegangen, und Ich gab ihnen ein Quantum geistiger Kraft mit, auf daß sie außerhalb des ewigen Seins ihre Sonnen und Welten schaffen konnten. Wahrlich, Ich sage euch: Ich gab ihnen das Quantum mit, weil Ich sie liebte und liebe. Dieses Quantum beinhaltete Teile geistiger Sonnen und Planeten. Dieses Quantum beinhaltet Tiere, Pflanzen und Mineralien. All diese Lebensformen gehören zum ewigen Sein und gehören somit zu Meinen Kindern – ob sie sich im reinen Sein bewegen oder ob sie von Mir ziehen, um ihr Leben zu gestalten, so, wie sie es sich vorgestellt haben und heute noch vorstellen.

Die Vorstellungswelt Meiner Kinder ist groß geworden. Deshalb glauben viele nicht mehr an Mich, den redenden Gott. Sie lassen

Theologen reden und sogenannte Bibelkundige. Sie lassen die Regierenden aller Völker reden und lassen sich von dem Gerede verführen. Viele Menschen erfassen nicht mehr, daß Ich der redende Gott in ihnen Bin. Für sie reden die Götter: ihre Wunschträume, ihre Ichbezogenheiten, ihre Fahrzeuge, ihr Hochmut, ihre Habgier und ihre Machtansprüche. Das sind die Götter dieser Welt. Sie verführten und verführen gar viele.

Durch die beständige Verführung entstand ganz allmählich der materielle Kosmos, entstand dieser Erdplanet und entstanden ganz allmählich die Hüllen, die ihr Menschen nennt. Infolgedessen seid ihr Menschen, also Hüllen, in diesen das ewige Leben wohnt, Ich, das Innere Licht in jedem von euch.

Die wenigsten Meiner Kinder erkennen die Gesetzmäßigkeiten Inneren Lebens und schon gar nicht ihr eigenes Gesetz: Was du säst, das erntest du. Jeder glaubt, der andere müsse es ernten – er selbst nicht. Diese Zwangsvorstellungen haben die Menschen nach außen ge-

führt in die Welt der Sinne und der Sinneslüste. Infolgedessen kann der redende Gott nicht mehr wahrgenommen werden, denn Ich Bin das Wort des Herzens. Doch wer kein Herz mehr für den Nächsten, für Tiere und Pflanzen hat, der ist herzlos und steht nicht mit Mir in Kommunikation, sondern mit den Kräften, die zerstörend auf das gesamte materielle System einwirken.

Meine Kinder, das Quantum Geistkraft in den materiellen Gestirnen, das Quantum Geistkraft in den Tieren, Pflanzen und in den Menschen ist weitgehend verbraucht, also umgepolt in negative Energie. Das bedeutet, daß weder Gestirne noch Menschen auf die Dauer leben können, weil Ich die Geistkraft, das Leben, Bin. Infolgedessen werden die Krankheiten, die Nöte, die Katastrophen, die Kriege, die Hungersnöte und Seuchen zunehmen; denn es entsteht ganz allmählich ein neuer Himmel und eine neue Erde.

Außerdem ist das Maß voll. Was darüber hinaus fließt, bewirkt auf der Erde noch mehr

Katastrophen, noch mehr Krankheit und Leid als in der vergangenen Zeit.

Erkennet und erfasset in euren Herzen, Meine Kinder: Das Maß ist voll – da und dort läuft es über. Auf diese Weise werden Teile von Völkern, ja ganze Völker hinweggenommen werden. Die Erde reinigt sich von dem Tand dieser Welt. Der Zirkus menschlichen Ichs löst sich auf, und alle Schauspieler und Maskenbildner, die nicht umkehren, werden mit in die Fluten fallen. Das Maß ist voll. Das Quantum göttlicher Energie ist aufgebraucht, umgewandelt in Negativenergie. Im Laufe der Zeit kann der Mensch nur mit Negativenergie nicht leben; denn die Negativenergie ist die Ursachen- und Wirkungsenergie – was der Mensch sät, das kommt auf ihn zurück.

Erkennet, wie sich der Weg zu den Ursachen vollzieht. Der Mensch denkt, denkt, empfindet, empfindet, spricht, spricht und handelt – alles negativ. Dadurch wandelt er die positive Kraft in negative Energien um. Keine Energie geht verloren. Jeder Gedanke will sich wiederfinden. Und wo wird er sich finden, und wo hat er sich gefunden? Zuerst einmal in eurem Oberbewußtsein. Je öfter ihr gleich und ähnlich denkt, empfindet, sprecht und handelt, um so größer werden die Programme in eurem Oberbewußtsein, in eurem Gehirn. Mit der Zeit geht diese Energie in das Unterbewußtsein und zugleich in das Ober- und Unterbewußtsein eurer Körperzellen. Im Laufe eures weiteren gleichartigen Empfinden, Denken, Sprechen und Handelns gehen die Negativenergien in eure Seele, die das Buch des Lebens ist.

Dieser Prozeß, der in euch abläuft, läuft gleichzeitig in den materiellen Gestirnen ab und in den Reinigungsebenen. Infolgedessen ist jede Zelle eures physischen Leibes in den materiellen Gestirnen gespeichert. Jede Belastung ist in den Reinigungsebenen gespeichert. Alles Sein bleibt im Sein, im Ewigen.

Auf diese Weise bauen sich die Ursachen auf.

Der Himmel, die Unendlichkeit, ist beständige Bewegung. Durch vorgegebene Zyklen werden die Gestirne der Reinigungsebenen berührt. Die Gestirne der Reinigungsebenen strahlen durch die materiellen Gestirne. Die materiellen Gestirne wirken auf die Seelen der Menschen ein. Über die Seelen der Menschen geht es in das Gehirn des Menschen, vom Gehirn des Menschen geht es zu den Zellen. Dort, in den Zellverbänden, bricht dann die Ursache aus.

Bevor dies jedoch alles geschieht, meldet sich die Tagesenergie, meldet sich der Schutzgeist; denn jedem von euch ist ein Wesen des Lichtes zugegeben. Wer nicht bewußt lebt, der vernimmt die Impulse des Tages nicht, der vernimmt auch die mahnenden Impulse des Schutzgeistes nicht. Er lebt weiterhin in seiner negativen Gedankenwelt, im Haß, im Streit, im Zank, im Neid, in der Mißgunst, in der Körperlichkeit und vieles mehr.

Auf diese Weise bauten sich und bauen sich die Ursachen auf, und über die Gestirne kommen sie wieder zum Tragen – als Wirkung.

Meine Kinder, nun ist das Maß voll, das heißt, daß die Körper der Menschen mehr und mehr zerfallen, wenn der Mensch nicht rechtzeitig die Negativenergie in Positivenergie umgewandelt hat durch die Kraft des Erlösergeistes in jeder Seele, in jedem Menschen.

Gleichzeitig zerfallen mehr und mehr Teile von materiellen Gestirnen. Mit der Zeit zerfallen ganze Gestirne; ganze Sonnensysteme, Teile von Galaxien – von Milchstraßen also –, werden zerfallen, weil die Körper der Menschen zerfallen. Ja, der Tod greift um sich; denn nun ist die Zeit gekommen, in der Ich alles neu mache.

Es entsteht ein neuer Himmel und eine neue Erde, weil ein höheres Menschengeschlecht entstehen wird. Das Geistzeitalter bringt Menschen des Geistes, Menschen mit höherem Bewußtsein, die mit dem ewigen Sein, mit dem ewigen Gesetz, das Ich Bin, in Kommunikation stehen. Sie werden wahrhaft die Erde, die gereinigte Erde, besitzen. Und so wird geschehen, was schon längst offenbart ist: ein neuer Himmel. Die materiellen Gestirne verändern sich. Es tritt wieder Materie auf – doch in höherer Form, mit höheren Bewußtseinsgraden, so, wie diese Erde wieder Materie sein wird, doch feinerer Stoff, weil auch die Hüllen, die Menschen, feinerer Stoff sind, da in den Hüllen lichtere Seelen wohnen.

Meine Kinder, Ich rufe euch und rufe euch auch im Namen Meines Sohnes, eures Erlösers: Kehret um!

„Kehret um" heißt: Besinnt euch eurer geistigen Herkunft, und bereinigt das Menschliche mit Christus. Bereinigt eure Vergangenheit, sonst dreht ihr euch immer wieder im selben Kreis eurer negativen Empfindungen, Gedanken, Worte und Werke. Bereinigt eure Vergangenheit, so daß ihr mehr und mehr bewußt im Tag leben könnt; denn der Tag zeigt auf, was sich im Körper anzeigen möchte – Leid, Krankheit, Not und vieles mehr. Der Tag gibt Impulse, bevor die Wirkung im

physischen Leib zum Ausbruch kommt. Der Schutzgeist gibt euch Impulse; euer Gewissen sagt euch so manches. Seid wachsam!

Das ist die Umkehr. Und so ihr umkehrt auf dem Weg der wahrhaftigen Reue, der Bitte um Vergebung, der Vergebung, der Wiedergutmachung, und so ihr eure Fehler nicht mehr tut – wandelt ihr die negative Kraft, die in euren Zellen, in eurer Seele ist, um in positive Energie, in Geistenergie, in Meine Kraft, in das Gesetz der Liebe. Gleichzeitig wandelt es sich in den materiellen Gestirnen. Gleichzeitig wandelt es sich in den Reinigungsebenen. Auf diese Weise nehmt ihr dann ganz allmählich wieder den Kontakt zu Mir, dem Inneren Licht, auf. Auf diese Weise wandert ihr nach innen. Ihr reinigt eure niederen Sinne, weil ihr eure Leidenschaften abbaut, eure negativen Gedanken, Empfindungen, Worte und Werke.

Auf diese Weise veredelt ihr euch. Ihr wandert immer mehr einwärts zu dem innewohnenden Licht, das Ich Bin. Auf diese Weise könnt ihr so manches Fehlverhalten, das als Wirkung über euch hereinbrechen möchte, umwandeln.

Alles, was ihr verursacht habt, ist also in eurem Gehirn verzeichnet, ist in den Zellverbänden verzeichnet, in eurer Seele geschrieben, in den materiellen Gestirnen aufgezeigt und auch in den Reinigungsebenen, wo eure Seelen nach dem Hinscheiden der Hülle sein werden.

Zerfallen die Körper, dann zerfallen Gestirne. Doch diese Energie geht nicht verloren – sie wandelt sich in höhere Form um. Auf diese Weise löst sich ganz allmählich der Fall auf. Meine Kinder kehren wieder zu Mir zurück – zu Mir, ihrem Vater, denn Ich bewahre euch alle in Meinem Herzen. Und ihr werdet wieder zu Mir zurückkehren in Mein Herz, in den mächtigen Allstrom, und werdet wieder bewußt Meine Ebenbilder sein, reine Wesen – so, wie Ich euch geschaut und geschaffen habe und wie Ich euch in Meinem Herzen trage.

Kinder, Mein Sohn, euer Erlöser, und Ich, euer Vater, wollen euch zurückführen, möchten euch Schmach, Krankheit, Not, Siechtum, Leiden und Tod ersparen.

Doch jeder hat den freien Willen. Wer nicht hören will, der wird fühlen. Durch den freien Willen habt ihr auch euer Ichheitsgesetz geschaffen. Es ist das Kausalgesetz für jeden einzelnen, das Gesetz: Was du säst, das erntest du. Nicht der Nächste erntet es – i h r erntet es nach dem Prinzip: Gleiches zieht zu Gleichem. Deine Saat ist wieder deine Ernte. Wo? In und an deinem physischen Leib und später als Seele in den Stätten der Reinigung; denn alle Negativenergie, die gegensätzliche Energie also, muß umgewandelt werden in Geistkraft. Jeder bringt das mit, was er an Geistkraft genommen und umgewandelt hat. Er wandelt es wieder um in geistige Energie, so daß das Quantum geistiger Energie wieder zurückgebracht wird in den Allstrom, in das Gesetz der Liebe, das Ich Bin, aus dem ihr seid und in dem ihr leben werdet ewiglich.

Meine Kinder, Mein Wort klingt in vielen materiellen Ohren. Dadurch entstehen viele Fragen. Ängste und Sorgen entstehen. Wenn ihr mit eurem menschlichen Ich, mit eurer Sinneswelt, Mein Wort zerpflücken möchtet, werdet ihr keinen Gewinn haben. Wenn ihr jedoch Mein Wort in euren Herzen bewegt, dann werdet ihr den Sinn des irdischen Wortes erfassen, den Inhalt also des physischen Wortes – und ihr werdet in euren Herzen erfahren, was Ich in das Wort des Menschen hineingelegt habe. Das ist Mein Gesetz, Mein Wort. Wer es fassen kann, der erfaßt weit mehr. Er erkennt, daß diese materialistische Welt nicht nur am Abgrund steht, sondern Teile schon in die Tiefe geglitten sind.

Einerlei, was eure Theologen, eure Regierenden sagen – viele von ihnen sind gesteuert. Denn die Welt macht nur der Welt etwas vor, jedoch nicht denen, die aus dem Geiste sind, das heißt die die Aussagen der Theologen, der Regierenden und auch der Wissenschaftler tiefer beleuchten. Wer dies vermag, der hört heraus, was sie verschweigen wollen.

Wo ist die Rettung, Meine Kinder? Wo ist der Anker, an dem ihr euch festhalten könnt? Ist es euer Nächster? Ist es Geld und Gut, ist es Reichtum, Macht und Ansehen? All das vergeht, doch Meine Liebe zu Meinen Kindern bleibt bestehen ewiglich.

Ich Bin der redende Gott. Meine Kinder, Ich verlasse euch nicht; denn Ich Bin die allgegenwärtige Kraft, das Innere Licht, in dir, in dir – in jedem von euch. Ich Bin das Innere Licht in euren Übernächsten, den Tieren, den Pflanzen, den Mineralien. Ich Bin das Licht in den Gestirnen. Einerlei, wo ihr hinblickt – überall Bin Ich gegenwärtig. Und so du, Mein Kind, das Schauen gelernt hast, hast du auch die Wahrnehmung gelernt, das heißt, dann nimmst du Mich in dir wahr; denn alle Lebensformen sind als Essenz und Kraft in jedem von euch. Das Licht im Tierlein ist nicht außerhalb von dir. Das Licht in der Pflanze, in der Sonne, in den Gestirnen ist nicht außerhalb von dir – es ist in dir. Unzählige Kräfte des Alls wirken in dir – damit habe Ich deinen geistigen Leib aufgebaut.

Infolgedessen kannst du Mich in allem nur wieder in dir wahrnehmen – und die Wahrnehmung erfolgt dann, wenn du nach innen wanderst, wenn du dich reinigst, wenn du das Negative, das du dir auferlegt hast, mit Christus, deinem Erlöser, umwandelst in positive Energie. Dann erfährst du, wie reich du bist, Mein Kind.

Wahrlich, du bist reich! Du bist wie Ich, dein Vater, formgewordenes All. Du bist Mein Ebenbild. Mache es dir bewußt! Siehe, Ich möchte, daß du wieder das Wort des Alls wirst, ja, daß du wieder das Wort des Alls bist. Werde also allmählich zum Wort des Alls, bis du ganz und gar wieder das All bist. Dann sprichst du auch das Wort des Alls, das Gesetz der Liebe.

Siehe, dann brauchst du nicht mehr zu fragen – du weißt es, weil du weise bist. Du brauchst nicht mehr da- und dorthin zu blicken – du erfährst es in dir, weil du in Mir bist.

Kind, erkenne: Du trägst in dir die Unendlichkeit als Essenz und Kraft. Kehre um, und werde zu dem, was du in Meinem Herzen bist: das reine Wesen, ewiglich.

Mein Kind, du bist auf der Wanderschaft. Wann hast du die Wanderschaft beendet? Das bestimmst du. Was dir auf der Wanderschaft begegnet, Freud und Leid – das bestimmst du. Wann du also das Ziel erreicht hast – das bestimmst du. Ob du wieder zu einer weiteren Einverleibung gehst – das bestimmst du. Deine Saat sagt es dir, und du erfährst deine Saat tagtäglich, stündlich und minütlich. Was du erfährst, das bereinige! Dann wirst du immer weiteres Saatgut erkennen und beheben; denn Christus, dein Erlöser, hilft dir zur Selbsterkenntnis und verhilft dir auch zur Umwandlung, indem Er dir die Kraft verleiht, das Negative umzuwandeln.

Mein Kind, was willst du tun? Wenn du Mein Wort nicht annehmen möchtest, dann blicke in die Welt. Von der Sohle her stirbt die materialistische Welt. Wo hältst du dich auf? Wann wird es dich treffen? Wie wird es dich treffen? Du bestimmst es.

Siehe, Mein Sohn, dein Erlöser, und Ich, dein Vater, reichen dir die Hand. Du hast den Weg zum Herzen der Liebe, zu dem Licht in dir, das Ich Bin. Du hast den Tag, die Stunde, jeden Augenblick. Nütze den Tag – und du erfährst dich. Du hast einen Begleiter an deiner Seite, für dich ein unsichtbares Wesen. Es gibt dir Impulse in das Gewissen. Auf mannigfache Art und Weise wird dir geholfen, Mein Kind. Die Himmel sind offen, und die Wesen des Lichtes gehen zu den Menschen und zu den Seelen in den Stätten der Reinigung.

Mein Geist wirkt in jedem Menschen, in jeder Seele – doch, Mein Kind, du bestimmst, ob du die Hilfen annehmen möchtest oder nicht. Du bestimmst also deinen Weg. Wohin führt er dich? Willst du es wissen – frage dich selbst. Wohin du denkst, was du empfindest, was du sprichst und tust, das ist dein Aus-

weis. Er weist dir gleichzeitig deinen Weg, nicht den deines Nächsten – deinen Weg, Mein Kind.

Mein Kind, wisse: Der redende Gott, der Ich Bin, der sich durch Menschenmund offenbart, möchte auch ganz bewußt in dir reden. Deshalb wandere einwärts, ja himmelwärts, denn der Himmel ist in dir – so, wie auch die Hölle in dir sein kann, wenn du deine Belastungen mehr und mehr aufbaust und so in deinen Belastungen dahinvegetierst, bis der Leib gezeichnet ist. Was dann? Leid und Siechtum – warum? Frage dich – du kannst dir selbst die Antwort geben.

Mein Kind, es entsteht ein neuer Himmel und eine neue Erde. Das Zeitalter des Geistes zieht mit Macht herauf und mit ihm ein neues Menschentum, eine neue Kultur im Lichte der Wahrheit.

Ich mache alles neu. Ich Bin die verwandelnde Kraft in jedem Menschen, in jeder

Seele, in Tieren, Pflanzen und Steinen. Ich Bin die wandelnde Kraft in den Gestirnen. Ich Bin. Ich mache alles neu. Willst du neu werden – dann kehre ein in dein Inneres, und mache dir bewußt, daß du der Tempel des Heiligen Geistes bist, daß Ich in dir wohne: Ich, das Innere Licht; Ich, das Licht des Alls; Ich, der Strom des Alls; Ich, das Sein in allem; Ich, dein Vater, von Ewigkeit zu Ewigkeit.

Kind, blicke in das Wort Ewigkeit. Auch dieses Wort ist dir eigen; denn du lebst als Wesen in Mir ewiglich – von Ewigkeit zu Ewigkeit. Frage dich, ob du dies wahrlich möchtest. Wenn ja, Mein Kind, dann spürst du Mich in diesem Augenblick; denn Mein Wort ist Strahlung und trifft dich in deinem Herzen. Hoffnung, Zuversicht, Glaube und die Ahnung, was es bedeutet, selbstlos zu lieben, ziehen in dich ein.

Kind, wahrlich, Ich Bin dein Vater. Und wenn du in Mir lebst, dann sprichst du Mein Wort, und es bedarf nicht mehr des Instru-

mentes – dann rede Ich nicht mehr durch Menschenmund zu dir. Du bist dann wieder das Wort, das Gesetz, geworden und sprichst das Gesetz des Lebens. Dann fragst du nicht mehr – du bist.

Kind, spüre in deinem Herzen: Ich liebe dich. Ich liebe dich, Mein Kind. Deshalb sandte Ich Meinen Sohn auf diese Erde; Er wandelte als Jesus von Nazareth. Mein Kind, Ich liebe dich – deshalb offenbaren Wir uns wieder, Mein Sohn und Ich, durch Menschenmund.
Mein Kind, nimm die Strahlung der Liebe mit in dein weiteres irdisches Dasein. Ich strahle dir Meine Vaterliebe in dein Herz.

Mein Kind, Ich liebe dich! Ich möchte nicht, daß du leidest. Ich möchte nicht, daß du krank bist. Ich möchte nicht, daß du hungerst. Ich möchte nicht, daß du obdachlos bist. Ich möchte nicht, daß du in Katastrophengebieten lebst. Kind, Ich will dich erretten – doch du bestimmst es. Denn du hast den freien Willen, umzukehren – oder weiterhin in der Sünde zu leben, in deiner Sünde.

Kind, Mein Kind, Ich liebe dich. Mein Kind, Ich liebe dich. Vernimm Mich in deinem Herzen! Mein Kind, Ich, dein Vater, hülle dich ein. Spüre die Geborgenheit in Mir. Nimm Zuflucht in deinem Inneren – dort Bin Ich. Kind, Mein Kind, Ich liebe dich! Komm zurück ans Vaterherz. Du lebst in Mir ewiglich, von Ewigkeit zu Ewigkeit.

Mein Kind, wenn du Mich nun durch Menschenmund nicht mehr vernimmst – Kind, Ich rede zu dir durch die Sonnenstrahlen, durch die Sonne, durch die Gestirne, durch das ganze All. Ich rede zu dir durch alle Lebensformen. Ich rede in dir. Kehre ein, reinige deine Seele – und du wirst wieder Mein Wort. Mein Kind, Ich liebe dich.

Meine Liebe ist Mein Segen für dich. Er strömt in die Stätten der Reinigung. Er strömt zu allen Menschen. Er strömt zu Tieren, Pflanzen, Steinen und Mineralien. Er strömt – es ist die Liebe.

Mein Kind, im Wort durch Menschenmund schweige Ich, doch Ich bleibe der redende Gott – in deinem Herzen, überall; im Wind, im Sturm, überall; im Regen, in jedem Wassertropfen Bin Ich. Kind, du bist umgeben von Meiner Kraft. Nimm sie an, werde – und sei!

Ich Bin der Ewige ewiglich. Du bist in Mir, ewiglich, in alle Ewigkeit.

Wenn die Stunde schlägt ...

Offenbarung von Christus, 1998

Ich Bin die Wahrheit. Das Licht der Himmel ist das Offenbarungslicht, das Licht des Christus Gottes, der Ich Bin.
Meinen Frieden und Meine Liebe bringe Ich euch.

O sehet: Wer nach der Wahrheit strebt, der öffnet das Herz für die Wahrheit, und die Wahrheit, die Ich Bin, läßt nicht auf sich warten: Sie dient, sie hilft, sie löst und erlöst. Doch wer sein Herz für die Wahrheit nicht öffnet, der kann auch nicht von der Wahrheit, die Ich Bin, empfangen.
O sehet: Das Offenbarungslicht strahlt zu allen Menschen; das Offenbarungslicht, das Ich Bin, strahlt zu allen Seelen in den Stätten der Reinigung, denn Ich Bin der Weg, die Wahrheit und das Leben. Als Jesus von Naza-

reth lehrte Ich den Weg zum Vater und lebte ihn als Mensch vor. Als Christus Gottes offenbarte und offenbare Ich euch wieder den Weg zum Vater, doch ihr wißt: Ich kann ihn euch nur anbieten – gehen muß ihn jeder von euch selbst, heute, morgen, in den nächsten Zeiten oder Generationen. Es liegt also an euch selbst, denn ihr besitzt den freien Willen.

So mancher spricht: „Ich befinde mich auf dem Weg zu Gott, meinem Vater." Wenn er jedoch gefragt wird: Hältst du Frieden mit deinem Nächsten? – dann wird er unter Umständen antworten: „Ja, ich halte Frieden." Wer weiterfragt: Hast du mit deinem Nächsten Frieden in deinen Gefühlen, in deinen Empfindungen, Gedanken, Worten und Werken? – dann wird so mancher, der ehrlichen Herzens ist, sich an die Brust klopfen. Vielleicht sagt er: „Nicht immer." Oder er sagt: „So habe ich das noch nicht gesehen; ich glaubte immer, ich hatte Frieden mit meinem Nächsten, denn ich denke gut über meine Mitmenschen; ich rede gut von ihnen, und meine Handlungsweisen entsprechen sicher den Geboten Gottes."

Doch was sind die Inhalte, die Inhalte eurer Gedanken, eurer Worte und eurer Verhaltensweisen, als Ganzes gesehen? Was sind die Inhalte dieser fünf Komponenten Fühlen, Empfinden, Denken, Sprechen und Handeln? Das ist entscheidend.

O sehet: Ihr redet und redet und redet. Wißt ihr wirklich, was ihr sagt? Ihr denkt und denkt und denkt – wißt ihr wirklich, was ihr denkt?

O erkennet und erfasset in euren Herzen: Ist nicht vieles, was ihr euch an Positivem zusprecht, Illusion? Wer glaubt, daß diese Welt die Wahrheit sei, der lebt in der Illusion. Wer glaubt, daß seine Verhaltensweisen der Wahrheit entsprechen, der lebt in der Illusion.

O sehet und erfasset in euren Herzen ein Bild: Ihr steht am Ufer eines Flusses. Ihr blickt in das Wasser und seht die Spiegelung von all dem, was sich am Ufer befindet, even-

tuell Häuser, Sträucher, Bäume, Gräser. Wenn nun eine Begleitperson zu euch sagt: „Springe hinein in den Fluß, und halte dich an diesem Baum fest!", dann werdet ihr sagen: „Das ist Illusion, das ist nur eine Spiegelung." Und so ihr den Mut faßt und in das Wasser springt, um euch an dem Baum festzuhalten, dann merkt ihr: Es ist unmöglich. Entweder könnt ihr schwimmen, oder ihr versinkt. Es ist also kein Halt in dieser Spiegelung. Ähnlich ist es mit der Materie. Einerlei, wo ihr euch anhaltet, am Baum, am Strauch, am Menschen, an Hab und Gut – es ist alles nur Illusion.

O sehet: Die Inhalte eurer Gedanken, eurer Worte und Handlungen sind ausschlaggebend, denn das sind die Speicherkräfte, die eingehen in eure Seele und in die entsprechenden Speichergestirne. Auch euer Bestimmungsort, der sicherlich nicht ganz zufällig ist, ist Illusion. Ihr könnt durch Arbeit die Taler verdienen, ihr erwerbt euch dies und jenes. Ihr schafft euch Güter, ihr schafft euch ein sogenanntes Zuhause, oder ihr erbt von den

Eltern, von Verwandten und Bekannten. Doch was ihr besitzt – ist das tatsächlich euer Besitz? Füllt ihr ihn aus mit den Inhalten eurer Verhaltensweisen? Oder ist es euer Besitz, euer Zuhause, euer Bestimmungsort, euer Geld und Gut? Dann könnt ihr gewiß sein, daß dies Illusion ist.

Viele schaffen sich Reichtum, Macht und Ansehen; sie sonnen sich in ihrer Illusion. Denn der, der reich ist, kann unter Umständen in der Seele bettelarm sein. Und der Ansehen erworben hat, wird unter Umständen im Jenseits als Seele gar nicht gesehen. Es ist alles Illusion. Bindet ihr euch an Menschen um eurer Vorteile willen – ihr werdet sie im Seelenkleid nicht mehr finden. Es ist also Illusion.

O sehet: Woran ihr euch auch an der Materie festhaltet, an Menschen, an Hab und Gut, an Ansehen, an Reichtum, an Gewinn, an Erbschaften und vieles mehr – es ist alles Illusion.

Was ist Tatsache? Tatsache im Sinne Mensch ist noch lange nicht die Wahrheit.

Die Tatsache ist, daß das, was i n euren fünf Komponenten abläuft, ich nenne diese global Verhaltensweisen – das speichert ihr, das sind nach dem Leibestod eure Bestimmungsorte. Kennt ihr sie? Wenige kennen sie, denn ihr kennt euch selbst kaum, da ihr die Inhalte dieser fünf Komponenten nicht wahrnehmt. Also lebt ihr im Zeitlichen, und somit lebt ihr in der Illusion.

O sehet: Wenn euer physischer Leib hinscheidet, dann geht zuerst einmal die Seele in die Zwischenreiche. Die entsprechenden Bestimmungsorte rufen sie dann, einer nach dem anderen, der in der Seele aktiv ist. Kennt ihr ihn? Ich sage euch: Wenn ihr ihn hier, im Diesseits, nicht kennenlernt, werdet ihr als Seelen im Jenseits sehr enttäuscht sein. Denn die Bestimmungsorte gleichen selten, sehr selten, dem Bestimmungsort im Zeitlichen. Ihr werdet vielfach als Seele auch im Jenseits ein Fremdling sein, denn die Bestimmungsorte sehen ganz anders aus als die, die ihr im Zeitlichen erworben habt durch Geld, durch

Gut, durch Erbschaft, durch vieles mehr. Und die Seelen, die ihr dort antrefft, werdet ihr auch nicht kennen, denn ihr lebt immer noch in der Illusion eurer Verhaltensmuster, die aber nicht gespeichert sind, sondern nur die Inhalte derer. Und da viele Seelen weiterhin in der Illusion leben, arbeiten und arbeiten und arbeiten sie, um Geld und Gut zu verdienen, doch sie werden nichts verdienen, denn mit dem Leibestod ist alles abgeschlossen. Euren Gewinn oder Verlust – ihr könnt sie auch als Hypothek bezeichnen, wenn es um die Schuld geht – nehmt ihr als Seele mit in das Jenseits. Und so mancher wird sagen: „Werde ich von meinen Bekannten und Verwandten nicht abgeholt?" Vielleicht. Doch die Verwandten, die Bekannten, deine Familie, die du im Zeitlichen hattest, wird nicht bei dir sein, denn jedes Familienglied hat anders gespeichert.

Der Mensch stirbt allein, und die Seele geht allein zu den Bestimmungsorten im Jenseits, die sie als Mensch durch die Verhaltensweisen gespeichert hat. Jede Seele wird von einem Schutzwesen begleitet, doch vielfach nehmen die Seelen die Schutzwesen kaum wahr, weil sie weiterhin in der Illusion leben. Im Jenseits könnt ihr also als Seele weder verdienen noch kaufen – ihr habt euren Verdienst gespeichert. Auch wenn ihr noch in der Illusion lebt, ihr könntet – beim Tod ist alles abgeschlossen. Von vielen Seelen werden die Hinweise der Schutzwesen kaum wahrgenommen, auch Wesen aus höheren Bereichen, die in den Vorbereitungsebenen leben, um sich eben vorzubereiten für das reine Sein, werden vielfach auch nicht vernommen. Die Seelen in den niederen Reinigungsebenen leben eben in der Illusion, so, wie sie als Mensch gelebt haben; denn sie haben als Mensch nicht gelernt, sich selbst zu erkennen i n ihren fünf Komponenten, also in ihren Verhaltensweisen.

O sehet: Viele Seelen, und das wißt und erlebt ihr selbst, wenn ihr die Welt betrachtet, drängen zur Inkarnation. Warum? Weil der Magnetismus zu stark ist. Sie sind in dem Bewußtsein, das Fleisch ist ein und alles, und der Wunsch, dies und jenes zu erleben, ist vielfach der Weg zur Inkarnation. Beim Eintritt in das Erdendasein, also bei der Wiederverkörperung, beginnt der Lauf von neuem. Was im Jenseits als Seele nicht bereinigt ist, nimmt die Seele voll und ganz mit zur Wiederverkörperung. Als Mensch trägt die Seele alles aus den Vorinkarnationen, all das, was nicht getilgt ist. Aus diesen Vorinkarnationen setzen sich Komponenten zusammen, die dann das Leben des neuen Menschen bestimmen. Und nun kommt es wieder darauf an, wie der Mensch denkt. Blickt er in die Inhalte seiner Verhaltensweisen, oder lebt er in den Tag hinein und schafft weitere Ursachen, gleich weitere Inkarnationen?

Wenn ihr eure Überbevölkerung betrachtet, dann wißt ihr, wie es unter Umständen im Jenseits bestellt ist. Im Jenseits heißt es: Erkennen und Abtragen. Das Abtragen ist oftmals sehr, sehr leidvoll und sehr, sehr schmerzhaft. Die Hilfe ist einzig die Bereinigung, die Bitte um Vergebung und die Vergebung. Wiedergutmachen kann dort nicht sein, weil es dort keine Materie gibt. Viele Seelen vergeben nicht. Auch viele einverleibte Seelen, also Menschen, vergeben nicht. In ihnen befinden sich Magneten zu dieser Seele, die im Jenseits leidet und Schmerz trägt. Es sind die Gene. Die Seele im Jenseits wird von diesen Menschen angesendet, und sie empfängt, denn ihre Eingaben sind aktiv. Was tun vielfach solche Seelen? Ohne die mahnenden Empfindungen, die Bilder, die ihnen gesendet werden von den Schutzwesen, näher zu betrachten, gehen sie zur Einverleibung. Es geschieht letztlich durch Zeugung und Geburt; der Leib ist vorhanden, die Seele ist wiedergekommen und ist Mensch. Jetzt heißt es, mit den Menschen zu bereinigen, die diesem Menschen am nächsten stehen. Wie das so aussieht in dieser Welt, wißt ihr selbst: Der andere ist ja an allem schuld! Das ist – Ich nehme eure Worte – ein schlimmer und schrecklicher Kreislauf.

O sehet: Die Himmel sind in Bewegung, um die Seelen aufzuklären, doch kein Schutz-

wesen wird sagen: Gehe du, o Seele, zur Inkarnation. Würde das ein Schutzwesen sagen, wäre es an die Seele gebunden, an alles, was dann der Mensch mehr oder weniger im Zeitlichen vollbringt, denn das Schutzwesen hätte der Seele die Freiheit genommen. Jede Seele hat im Jenseits ihre Freiheit. Und jeder Mensch hat seine Freiheit – zu speichern, zu speichern, zu speichern, Bestimmungsorte zu schaffen im Jenseits und im Diesseits. Wer steht dazwischen? Der Christus Gottes, der Ich Bin, der ruft und ruft und ruft: Ich Bin der Weg, die Wahrheit und das Leben! Ich Bin die erlösende Kraft in dir. Sei dir des Christus Gottes bewußt. Heilige die Gebote Gottes und die Bergpredigt, die Ich euch gab. Werdet eins mit den Geboten Gottes und der Bergpredigt, indem ihr den Weg zum Leben geht und Frieden schafft mit eurem Nächsten, auf daß der Friede in euch wächst und ihr wahrhaft in euer Inneres findet, zur ewigen Realität, denn das Reich Gottes ist die einzige Realität, und die ist in jedem von euch.

Keiner kommt zum Vater, denn durch Mich, Christus, den Erlöser aller Seelen und Menschen. Worte. Für viele sind das Worte – auch für viele Meiner Brüder und Schwestern, die sich weise dünken in bezug auf ihre Technik.

Ein Bild für euch zum besseren Verstehen:

Jeder, der von euch ein sogenanntes Fernsehgerät besitzt, weiß – und das ist für ihn ganz logisch –, daß er eine entsprechende Antenne benötigt, die auf die entsprechenden Sender, die er empfangen möchte, einjustiert werden muß, um ein entsprechendes Bild zu bekommen. Doch wenn es darum geht, euch selbst zu betrachten als einen mächtigen – Ich nehme eure Worte – Sende- und Empfangsmast, der unermüdlich in das All sendet und wieder empfängt, dann hebt ihr die Schultern und sagt unter Umständen: „Das könnte schon so sein."

Ich aber sage euch: Unermüdlich sendet ihr mit den Inhalten dieser fünf Komponenten. Unermüdlich empfangt ihr gemäß den Inhalten dieser eurer fünf Komponenten. Ihr sendet und empfangt. Ich stelle euch die Frage: Ist es wichtig, wie ihr euch nennt? Sind eure Vor- und Zunamen wichtig, um entsprechende Bilder zu empfangen? Wenn ihr vor euren Fernsehgeräten sitzt, sind eure Vor- und Zunamen wichtig? Ist es wichtig, ob ihr euch Urchrist, Christ, Moslem, Hinduist und vieles mehr nennt, wenn ihr sendet, sendet, sendet, das weder mit euren Vor- und Zunamen etwas zu tun hat, weder mit urchristlich noch mit christlich, weder mit moslemisch, hinduistisch, buddhistisch? Das hat nichts zu tun.

O sehet: Wie ist es, wenn Urchristen oder Christen sich auf den Sender Institution Kirche ausrichten? Dann werden sie von Riten, Zeremonien, kirchlichen Gebeten, Glaubensbekenntnissen und vielem mehr empfangen. Ob das urchristlich oder christlich ist, spielt keine Rolle – sie empfangen, worauf sie sich einstimmen, also ausrichten. Doch viele sogenannte Christen, die den Weg zum Leben haben, der Ich Bin, richten sich auf östliche Meditationen aus, auf Bildbetrachtungen. Es ist einerlei, ob ihr euch Urchrist nennt oder Christ, ob ihr einer kirchlichen Institution angehört – ihr werdet zu dem, was ihr aussendet, denn das empfangt ihr wieder. Das prägt euer Oberbewußtsein, euer Unterbewußtsein, eure Zellen, eure Seele; das geht in die Speichersterne ein, und nach dem Leibestod werdet ihr plötzlich einer anderen Religion angehören. Aber im Zeitlichen habt ihr euch Christ genannt oder Urchrist. Das Gleiche gilt für einen Muselmanen; gleich, welche Religion, der Name spielt keine Rolle – das Sendepotential ist entscheidend. Und so, wie er meditiert und Bilder betrachtet, zu dem wird er. Nimmt der Muselmane christliche Meditationen, versenkt er sich in die Naturreiche in dem Bewußtsein der großen Einheit und des erlösenden Geistes des Christus Gottes, bewegt er mehr und mehr den Inhalt der Zehn Gebote und der Bergpredigt Jesu, dann wird der Muselmane allmählich Christ.

Wohin ihr sendet, das empfangt ihr, zu dem werdet ihr. Der irdisch Weise spricht von seiner Technik; doch wenn es um ihn geht, dann ist er blind. In diesem Fall ist er unlogisch.

Meine geliebten Brüder, Meine geliebten Schwestern, Ich stehe dazwischen und rufe. Nun könnt ihr erahnen, warum die Boten des Lichtes in der Verbindung mit Mir alles daran setzen, die erlösende Kraft, das wahre und echte Christentum, die Wahrheit und den Weg ins Leben in die ganze Welt zu strahlen. Ich habe es als Jesus versprochen, den Tröster zu senden, der die Menschen in die ganze Wahrheit führt, so weit, wie sie es mit menschlichen Worten verstehen können. Ich habe es getan. Ich tue es. Und es ist für die Himmel ein großes Geschenk, daß unsere Schwester noch Mensch ist. So lange, wie der Körper gemäß dem Naturgesetz getragen werden kann, wird dies die göttliche Welt tun, um die Wahrheit, die Ich im Vater Bin, hinauszutragen in die ganze Welt, um den Weg, der Ich Bin, Christus, die erlösende Kraft in Seelen und Menschen, hinauszutragen in die ganze Welt und die Christus-Gottes-Atmo-

sphäre aufzubauen, denn es gab noch nie eine solche Zeitenwende, wie sie ihr jetzt erlebt. Diese Zeitenwende geht allmählich hin, ganz allmählich hin zum Ende mit dieser sündhaften Welt.

Ich komme. Und Ich komme mit den Meinen, in denen Ich auferstehen kann. Geliebter Bruder, kann Ich in dir auferstehen? Geliebte Schwester, kann Ich in dir auferstehen? In deinen Gedanken, in deinen Worten, in deinen Handlungen, in deinen Gefühlen und Empfindungen – kann Ich in dir auferstehen? Dann komm, und folge Mir nach! Denn Ich errichte das Reich des Friedens, da Ich die Wahrheit und das Leben Bin, denn die Erde muß gereinigt werden, und die Erdseele muß entbunden werden, denn in ihr ist die Strahlung des ewigen Jerusalem.

Mein Reich ist nicht von dieser Welt. Ist euer Reich von dieser Welt, dann kennt ihr euch nicht. Und so ihr euch nicht kennt, kennt ihr Mich nicht. Wie düster wird es eines Tages sein, wenn die Stunde schlägt ...

Doch Ich rufe die Meinen. Ich rufe die Meinen, mit Meiner Hilfe, mit der großen Gnade und Güte Gottes, die Tempelreinigung vorzunehmen, so daß sich auch die Seele reinigt und sich auf Gott, auf den ur-ewigen Licht-Sender des Ich Bin, einstellt, um von Ihm zu empfangen. Darum ringe Ich, darum kämpfe Ich mit der Liebekraft des Vaters, in Dem Ich Bin.

Ich ringe um jeden Menschen! Ich ringe um jede Seele! Fühlt es in den Prophetischen Worten. Doch ihr bleibt frei, zu wählen: Illusion oder Wahrheit.

Ich werde Mich von keinem Menschen und von keiner Seele abwenden. Ich gehe euch allen nach, und sei es in die tiefsten Niederungen, denn Ich Bin im Vater und der Vater in Mir. Der e i n e Geist ist Liebe – Er liebt euch. Fühlt ihr die Sehnsucht der Himmel, euch alle in den Himmeln des Seins zu wissen? Und die vielen, vielen Menschen in dieser Welt, die unzähligen Seelen in den Stätten der Reinigung – überall Leid, überall Schmerz, überall Qual und Streit, Zank,

Haß, Neid; und immer ist „der Nächste schuld"! So geht das nicht. Wer nicht mit seinem Bruder, mit seiner Schwester ist, in Gedanken, in den Worten, in den Gefühlen, der ist gegen Mich.

Ich liebe euch. Alle Menschen, alle Seelen bilden die große Herde, und Ich Bin der Hirte. Ich gehe jedem nach. Wohl dem, der sich Mir anschließt, der Mir nachfolgt, der mit Mir geht, um die zu sammeln, die rufen, die am Wegesrand stehen, die der Hilfe und des Heils bedürfen – auch durch euch. Und so es ein großes Heer der Liebe wird, werden immer mehr Heerscharen der Himmel zu diesem Heer der Liebe stoßen, zu den Menschen, und mit ihnen in Liebe ringen um den Frieden, und es ersteht das Reich des Friedens mit denen, die im Herzen Frieden tragen.

Und so fühlet: Ich Bin bei euch, der Gute Hirte, der der Weg, die Wahrheit und das Leben ist.

Friede.

Laß werden,
was in den Himmeln ist!

Offenbarung von Christus, 1987

Du bist aus Mir und Ich in dir. *Meine Kraft ist dein Leben, und Meine Liebe kommt zu dir, Mein Bruder, Meine Schwester. In diesen irdischen Minuten, in denen Ich Mich im Wort offenbare, komme Ich zu euch als euer Bruder, nicht nur als euer Erlöser. Ja, Ich möchte bewußt euer Bruder sein und mit euch wandeln.*

Viele von euch glauben, der Vater und Ich, Sein Sohn, euer Bruder, wären weit entfernt.
Meine Geschwister, unsere Geistkörper sind feinstofflich – ein anderer Aggregatzustand, die höchste kosmische Schwingung, die die materiellen Augen, die auf die irdische Schwingung eingestimmt sind, nicht schauen. Doch wer zum Königreich des Inneren wandert,

dem öffnen sich die geistigen Augen, und sie schauen im Königreich den einzigen König der Himmel und dieser Erde, Gott, unseren Vater.

Im Königreich des Inneren schaut ihr euren Bruder und Freund, Christus, und dort im Reiche des Inneren schaut ihr die Wesen des Lichts. O verspürt in diesen Minuten, daß wir nicht fern von euch sind, denn der Himmel umschließt diese Erde und umfängt jeden einzelnen von euch. Ja, der Himmel, die Essenz der Unendlichkeit, alles Schöne, Reine, Edle und Feine, ist in euch, also so nah! Der Himmel atmet durch euch. Der Himmel ist Liebe, ist Kraft, ist Leben, und jeder Atemzug ist Leben. Das Leben, der Odem in eurem Atem, strömt aus den Himmeln, aus eurem Inneren. Dort, im Inneren, ist alles Schöne und Reine, Edle, Gute, ja Vollkommene zu schauen.

Der Vater und Ich und die Wesen des Lichts sind nicht fern von euch. Ihr fühlt euch nur fern, wenn ihr eure Sinne, euer menschliches Denken und Trachten nach außen lenkt, dort die irdischen Reize die Sinne stören. Dadurch wird auch eure Verbindung zu Gott, zu den inneren Sinnen, gestört, und ihr glaubt, nur das wäre Realität, was die äußeren Sinne erfassen können. Doch wer nach innen wandelt, der empfindet die Himmel nahe.

Und so strahle Ich, euer Bruder, den Inneren Weg aus. Was heißt: der Innere Weg?

Der Innere Weg ist der Weg zum Herzen Gottes. Jeder beginnt mit der Kontrolle seiner Gedanken. Setze anstelle der menschlichen, negativen Gedanken, den Gedanken des Hasses, des Neides, der Feindschaft, des Streites, des Zankes, und vielem mehr, positive Gedanken, Gedanken der selbstlosen Liebe, Gedanken des Friedens, der Hoffnung, der Zuversicht und des Glaubens. Dann schwinden die mürrischen, zweiflerischen, gehässigen und abwertenden Gedanken. Du empfängst durch die positiven Gedanken viel mehr Licht, und dir ist es dann auch möglich, all das, was in deinem Ober- und Unterbewußtsein aktiv ist, eventuell die Vergangenheit, zu erkennen und kraft der inneren Liebe zu überwinden. Deine irdischen Wünsche drängen deine Sinne nicht mehr nach außen. Du wirst dir kleinere Wünsche erfüllen, gemäß deiner augenblicklichen Situation, und dich daran erfreuen.

Dadurch wird auch der Eigenwille vergehen, und anstelle des Eigenwillens, des niederen, kleinen Ichs tritt der göttliche Wille, der lautet: Des Vaters Wille soll geschehen. Vater, zeige Du mir, was gut ist! – Und Der, der in euch wohnt und beständig in euch pocht, wird euch über die Empfindungen und Gefühle offenbaren, was Sein Wille ist.

Ihr empfindet plötzlich: Warum soll ich meinem Nächsten feindlich gesinnt sein? Ich mache nun den ersten Schritt, gehe hin und bitte um Vergebung, obwohl ich bisher glaubte, er müsse zu mir kommen und mich um Vergebung bitten. Du tust den ersten Schritt, und du verspürst Freiheit. Du hast losgelassen, der Vater in dir führte dich, und du spürst nun Frieden, und du strömst diesen Frieden aus. Dein Nächster, mit dem du

Feindschaft hegtest, ist jetzt bewußt dein Bruder, dein Freund.

Diese Aufmunterung aus deinem Inneren bewirkt weitere Schritte. Du bereinigst die Vergangenheit, läßt los, woran du dich gebunden hast, daß dein Nächster zum Beispiel so denken und handeln müßte, wie du es willst. Der freie Wille besagt: Dein Nächster ist ebenfalls ein Kind Gottes und wieder anders belastet als du. Er muß noch diese und jene Schritte tun, um dann den Weg, den unmittelbaren Weg zum Herzen Gottes zu finden. – Das war der Wille Gottes in dir. Laß los, und sei deinem Nächsten Freund und Bruder, sei Schwester, sei ein Kind Gottes – und du läßt los in dem Erkennen: Ja, er oder sie besitzen den freien Willen. Ich darf meinen Nächsten nicht gängeln, meinen Willen ihm aufzwingen.

Befolgst du die feinen, feinen Empfindungen deines Inneren, dann erwacht in dir immer mehr die selbstlose, die unpersönliche Liebe, und du empfindest Frieden und Freude. Du fühlst ein beseelendes, freies Gefühl, es ist das Licht des Vaters in Mir, dem Christus. Dein Bewußtsein weitet sich, und du siehst die Welt mit ganz anderen Augen. Du verspürst, die Welt bedarf der Befreiung. So viele Menschen leben an Ketten ihres menschlichen Ichs, sind durch ihr eigenes Ich versklavt. Not, Krankheit, Siechtum und vieles mehr erkennst du. Was tust du?

Du spürst den Willen Gottes, ein zartes Drängen in dir; es will dir sagen: Mein Kind, tue den nächsten Schritt, hin zur göttlichen Weisheit, zur göttlichen Tat. Trage in diese Welt die Gerechtigkeit, denn es soll sein Gerechtigkeit vor Recht. In der Gerechtigkeit vereinen sich alle Menschen und Wesen, die Gott in sich empfinden. – Und du tust den ersten Schritt, und in dir erwacht die Tat, die Weisheit Gottes. Das Göttliche strömt zu deinen Empfindungen und Gefühlen und will dir sagen: O siehe, das ewige Gesetz der Liebe besagt „Bete und arbeite".

Rechtes Arbeiten ist gleich rechtes Beten, ist gesetzmäßiges Leben. Du erkennst die Knechtschaft der Menschen in äußeren, in weltlichen Betrieben, du siehst, wie viele unglücklich und verzweifelt sind, weil sie von „oben", so wie ihr sagt, gedrückt werden. Sie müssen – und dürfen nicht.

Viele Menschen werden ausgebeutet, und sie sind doch Kinder Gottes, ausgestattet mit dem freien Willen. Du erkennst plötzlich, daß der Innere Weg, der Weg zum Herzen Gottes, nicht nur für den Einzelnen bestimmt ist, nicht nur, um dich selbst zu entfalten. Auf der Stufe der Weisheit, der Tat, fühlst du: Jetzt darfst du aus deinem Inneren schöpfen. Ja, du kannst es. Du hast Erfahrung durch Überwindung deines menschlichen Ichs. Und es drängt dich, mitzuhelfen, das Innere Reich, dem du so nahe bist, im Äußeren werden und wachsen zu lassen. Du spürst in dir: Es darf keine Herrenmenschen geben, keine Oberen und Unteren. Du spürst in dir: Es darf nicht die Völker und Rassen geben. Du fühlst in dir das kosmische Leben und empfindest die Unendlichkeit und die himmlischen Wesen als ein Volk, e i n e Liebe in Gott, unserem Vater. Was du empfindest, was in dir schwingt und lebt, drängt dich, es im Äußeren sichtbar werden zu lassen.

Sehe, Mein Bruder, sehe, Meine Schwester, auf diesem Weg wandeln immer mehr, und viele drängt das Innere Licht, die Heimat des Inneren: Laß werden, was in den Himmeln ist! – Mein Bruder, Meine Schwester, o sehe, die himmlischen Wesen schweben nicht nur von Himmel zu Himmel, dort nur feinstoffliche Ströme sind. In jedem Himmel sind Wohnstätten, geistige Bauwerke, dort die Familien nicht abgekapselt leben, sondern da alles eine Einheit ist, bilden sie die große Familie in Gott, unserem Vater, der uns auch gleich Mutter ist.

Die Geistwesen sind in den Himmeln gemäß ihrer Mentalität tätig. Gott, das ewige Licht, die ewige Urkraft, atmet beständig ein und aus, ein und aus. In einem mächtigen Äonenzyklus atmet die Urkraft ein und aus. Somit ist unermüdlich, ja beständig die geistige Evolution. Aus einem geistigen Atom gibt es wieder geistige Manifestation, und die Wesen des Lichts sind überall tätig, dort, wo es wieder neue Schöpfungsgebilde gibt, dort, wo die Evolution weitergeht, dort, wo weitere Sonnen und Welten entstanden sind, wo Geistkinder durch die innere Kraft reifen und zu Geistwesen heranreifen. Die Wesen des Lichts sind beständig in Aktion – nicht in dieser Schnelligkeit, in dieser Hektik wie der Mensch, sondern eingebettet in den kosmischen Rhythmus der unendlichen Liebe, schaffen und wirken sie. Das ist die Erfüllung des ewigen Gesetzes, das ist die Anbetung Gottes.

Und Meine Brüder und Schwestern im Erdenkleid, die diese innere Herrlichkeit, dieses innere Schaffen der Wesen des Lichts verspüren – angeregt durch Meinen Geist, bemühen sie sich, Ähnliches zu vollbringen, natürlich in der Materie, mit anderen Möglichkeiten, mit anderen Formen und dergleichen; doch was hineinstrahlt in diese anderen Möglichkeiten und Formen der dreidimensionalen Welt, ist das, was die Heimat ist: Friede, Liebe, Harmonie.

Lieber Bruder, liebe Schwester, der Innere Weg besteht nicht nur, um an das Persönliche zu denken; das sind die ersten Schritte: Erkenne dich selbst, und bereinige, was du erkannt hast. Doch auf dem weiteren Weg öffnet sich das Bewußtsein für viele Menschen, ja für alle Menschen und Seelen. Dann heißt es: Einer für alle, und alle für Einen.

So erlebt ihr, liebe Geschwister, den ersten Weg. Der Vater sprach vom ersten Schritt hin zur Verwirklichung dessen, was im Inneren drängt: das Reich Gottes auf dieser Erde.

Liebe Brüder und Schwestern, ihr seid Königskinder. Unser Vater, der König, der Regent der Himmel, möchte die Seinen nicht darben sehen, nicht in Höhlen wohnen, nicht krank und leidend, nicht dem Siechtum verfallen, nicht gehässig, nicht zornig. Er will sie durch Mich erwecken und ihnen zeigen: Geh den Weg, und du erlebst in deinem Herzen, was schon viele in sich erleben, das Reich Gottes auch im materiellen Sein.

Meine Geschwister, das Friedensreich ist schon längst angekündigt. Mein Herz strömt zu jedem einzelnen von euch und zu den vielen, die in diesen Minuten nicht anwesend sind: Macht mit! Geht den Weg – zuerst, um euch selbst zu erfahren und vieles zu bereinigen, und dann, um dazusein für die vielen, die noch kommen und die die weiteren Generationen bilden. Sicher sind viele von euch wieder mit dabei, denn das, was ihr jetzt, in dieser Inkarnation, erlebt, in eurem Herzen, tief in eurem Inneren erfahrt, das bringt ihr wieder mit in diese Welt. Es strahlt aus euch heraus, und ihr schöpft und baut weiter, für euch, für eure Mitbrüder und -schwestern und nicht zuletzt mit und für euren Bruder Christus. Äußere Aktivitäten, nicht im Sinne dieser Welt, sondern im Sinne des Inneren, nach dem Reich Gottes, das in eurem Inneren aktiv werden möchte und sich im Äußeren zeigen möchte.

O sehet, und erfahret es in eurem Inneren und durch die Erklärungen unserer Brüder und Schwestern, wie es sein soll, die ersten Schritte, der erste Weg. Und habt Verständnis, denn wie ihr gehört habt, ist in vielen der Meinen ein Umstülpungsprozeß – und somit in jedem von euch, die ihr euch bemüht, den

Willen des Vaters zu tun – vom Menschlichen hin zum Geistigen. Da und dort dringt das Menschliche noch hindurch; der Einzelne darf es erkennen und durch Meine Kraft bereinigen. So, wie Ich und vor allem der Vater durch Mich für euch alle großes Verständnis hat, so habt auch untereinander Verständnis.

Und Ich bitte euch, laßt aus dem Verstehen füreinander die Liebe strömen, die selbstlose Liebe. Liebt euch untereinander, so, wie Ich als Jesus die Meinen geliebt habe und als Christus die Meinen liebe. Liebt euch von Herzen, und erfüllt die heiligen Gesetze der Liebe, des Friedens und der Harmonie, und ihr werdet wachen Herzens das mehr und mehr erleben, was sich allmählich auftut: das Reich Gottes auf dieser Erde. Und über allem schwebt der Geist, der in die Herzen pulsiert und durch die Erde dringt.

Liebt euch untereinander, so, wie Ich euch liebe. Und haltet das herrliche Bewußtsein fest: Freiheit, Einheit, Brüderlichkeit im Geiste eures Bruders, Christus.

Sprecht ihr die Sprache der Liebe?

Offenbarung von Christus, 1996

Meinen Frieden und Meine Liebe bringe Ich euch. Ich Bin Christus, euer Erlöser und Bruder. Blicket tief in die Worte des Lebens hinein, und erfasset den Sinn Meiner Worte, und ihr werdet eure ewige Heimat spüren lernen.

Meinen Frieden bringe Ich euch.
Was wollen euch diese Worte sagen? Ich bringe euch Meinen Frieden. Warum bringe Ich euch Meinen Frieden? Weil viele im Unfrieden leben. Ja, die ganze Welt ist ruhelos.
Mein Reich ist ein Reich des Friedens und ein Reich der Liebe. Dieses Reich – euer, unser göttliches Erbe – wohnt in euch. Blicket in die Worte hinein, daß das Reich der Liebe und des Friedens in euch wohnt. Seid ihr ein-

gekehrt in dieses Reich? Dann sprecht ihr die Sprache dieses Reiches, die Sprache der Liebe.

Mein Reich, das nicht von dieser Welt ist, ist ein Reich der Schönheit, des unendlichen Glanzes, der Fülle, der Klarheit, der Harmonie, der Alldurchstrahltheit. Wer in diesem Reich lebt, spricht die Sprache der Liebe.

Sprecht ihr die Sprache der Liebe? Wenn ja, dann bedürfte es keiner Propheten. Doch Mein ganzes Streben ist, euch allen – allen, die willig sind – mehr und mehr die Sprache der ewigen Heimat, die Sprache der Liebe, zu lehren, auf daß der Geist nicht mehr der Propheten bedarf, sondern ihr selbst Geist aus Meinem Geiste seid, bewußt Wesen des Lichtes, Wesen des Geistes, die die Sprache der Liebe sprechen.

Blicket nun i n eure Gedanken, nicht nur a u f eure Gedanken. Blicket in eure Gedanken hinein, und stellt euch selbst die Frage: Sind sie edel? Sind sie rein? Sind die Gedanken gleich Klänge der Sprache der Liebe? Blickt tief in euer Gefühlsleben hinein. Sind die Gefühle, ist euer Gefühlsleben gleich die Sprache der Liebe?

So mancher hebt seine Schultern und denkt: „Es wird noch werden". Es wird noch werden – das ist richtig. Doch ist es gerecht, wenn du, o Bruder, o Schwester, weißt, daß du so nicht fühlen und auch nicht denken sollst? Es wird noch einmal werden –– doch wann? Das entscheidest du. Doch was liegt in der Zwischenzeit, bis es soweit ist? Das, was du eingegeben hast durch dein Fühlen, Empfinden, Denken, Sprechen und Handeln.

So mancher wird wieder die Schultern heben und sich sagen: „Ich denke schon lange so, wie mir beliebt, und es geht mir gut. Ich spreche schon lange so, wie mir beliebt, und es geht mir gut. Was ich tue, brachte und bringt mir Erfolg – und es geht mir gut."

O erkennet, daß ihr all das, was ihr fühlt, empfindet, denkt und sprecht, in die Speicher der beiden Kosmen eingebt, des materiellen Kosmos und des Kosmos der Reinigungsebenen, und nicht zuletzt in eure Seele, aber auch in euer Unterbewußtsein, und auch euer Oberbewußtsein trägt davon. Die Kosmen bewegen sich, Gestirne formieren sich. Trägt eine Konstellation eure Eingaben, werden sie in dieser aktiv, dann treten sie zutage. Eines Tages ist es dann soweit: Das Schicksal hat euch ereilt. Warum? Weil ihr eure sündhafte Sprache sprecht. Mit dieser eurer Sprache baut ihr an dem Gebäude eurer Schicksale. Gleichzeitig wißt ihr, daß es in der Atmosphäre die sogenannte Atmosphärische Chronik gibt, wo Gedanken gespeichert sind von allen Menschen aller Zeiten. Formieren sich gleiche und ähnliche Gedanken, werden sie von Menschen, die wieder gleich und ähnlich denken, angestoßen, dann regnen sie gleichsam herab und erfassen jene, die mit daran beteiligt sind.

Wie oft sagt ihr: „Dieser oder jener hat gegen das irdische Gesetz gehandelt. Er hat betrogen. Er hat den Nächsten bestohlen. Er hat über ihn Unwahres ausgesagt, verleumdet, diskriminiert. Ja, dieser und jener hat sogar einen Mord begangen." Ihr sagt, d i e s e sind es. Ich frage euch: Seid ihr nicht auch mitbeteiligt? Prüft eure Gedanken.

Haß, Neid, Feindschaft, Zwietracht, Zerstörung, Habgier und vieles mehr denkt und denkt und denkt der Mensch. Leidenschaften prägen ihn. Vieles davon geht in die Atmosphärische Chronik. Gleiche Kräfte sammeln sich und regnen gleichsam hernieder. Ein labiler Mensch führt dann die Tat aus, die sich in der Atmosphärischen Chronik gesammelt und aktiv geworden ist. Er ist der Täter. – Wer ist der Anstifter? O fraget euch!

Prüft eure Worte. Prüft eure Gedanken, eure Gefühle, eure Leidenschaften – alle sind Bausteine, die sich zu Bildern zusammensetzen, auch in der Atmosphärischen Chronik, die vielfach nur eines Anstoßes bedürfen, und sie kommen hernieder und regen diesen und jenen Menschen zum üblen Reden, zum üblen Tun an. Dort ist der Täter. Wo sind die Anstifter?

O erkennet, daß ihr vielfach mit beteiligt seid. All das, jedes Quentchen, jede Nuance eures Fühlens, Denkens, Sprechens und Han-

delns, wird gewogen, gemessen und gerecht gespeichert, auch in den beiden Kosmen. O sehet, wie vieles in euch geschrieben steht! Es steht geschrieben im Oberbewußtsein, im Unterbewußtsein, in den Zellen, in der Seele, vieles in der Atmosphärischen Chronik, und jede Nuance in den beiden Kosmen.

Heute lebt ihr im Wohlstand. So stellt sich die Frage: Woher kommt der Wohlstand, gleichsam die Fülle für euch? Kommt sie aus der göttlichen Sprache, weil ihr die Sprache der Liebe sprecht in euren Gefühlen, Empfindungen, Gedanken, Worten und Handlungen? Oder woher kommt diese Genügsamkeit, diese Sattheit, für viele der Wohlstand? Was sendet ihr aus? Wer läßt sich fangen und dient euch?

O sehet: Viele, viele Stolpersteine, viele, viele Fangseile. Und ihr kennt sie nicht! So mancher hebt die Schultern und spricht: „Es wird noch einmal werden." Ja, es wird noch einmal werden, daß du, o Menschenkind, die Sprache der Liebe sprichst. Nimmst du alles, was dazwischenliegt, in Kauf? Deine egoisti-

sche Sprache, die dir nur Übel bringt, die dir Sorgen und Nöte bringt, wo du nicht weißt, was in der nächsten Stunde, in den nächsten Tagen sein kann – nimmst du das in Kauf? Ich spreche jedem in das Gewissen. O Bruder, o Schwester, nimmst du das in Kauf?

Wisse und erfahre in deinem Herzen – dann, wenn du deine Ursprache, die Sprache der Liebe, sprechen möchtest –, daß sich Gott, die Liebe, von dir, von jedem Menschen, von jeder Seele gar nicht abwenden k a n n . Blickt in diese Worte hinein: Gott, die Liebe, kann sich von euch nicht abwenden, weil Gott, der ewige Vater, euch liebt. Wenn ihr auch zerstörerisch auf euren Körper einwirkt, eure Seele belastet – Gott wendet sich nicht von euch ab. Er kann sich gar nicht von euch abwenden, weil Er die Liebe ist, die immer gibt und immer, jeden Augenblick, ewiglich, zu euch spricht. Doch mit euren sündhaften Gedanken, Worten und Werken, mit all euren gegensätzlichen Eingaben wendet ihr euch von Gott ab. Doch Gott wendet sich nicht von euch ab – Er ist gebend, immer gebend. Doch macht euch bewußt: Der gebende Geist des ewigen Vaters in Mir, Christus, eurem Erlöser, wohnt in euch. Er schaut euch. Er weiß um euer Tun – und wendet sich nicht ab von euch.

O erkennet, daß es vielfach für Mich Golgatha bedeutet, wenn Ich euch berühre, und ihr die Schultern hebt und sprecht: „Es wird noch einmal werden". Wenn Ich euch aus dem Grund, aus dem tiefen Grund der Seele zuflüstere: Bruder, Schwester, denke nicht so! Baue nicht am Gebäude der Schicksale. Komm, kehr um! – Und ihr hebt die Schultern und sprecht: „Es wird noch einmal werden."

Empfindet euch ganz zart in die Kraft der Erlösung hinein, in den Christus Gottes, der als Jesus auf Golgatha alles gebracht hat, auf daß ihr j e t z t umkehrt, und nicht irgendwann. Fühlt euch in den Christus Gottes hinein, ob nicht doch auch immer wieder die

Wundmale schmerzen, dann, wenn ihr die Schultern hebt und sprecht: „Es wird noch einmal werden."

Sehet, Ich lebe mit euch, weil Ich i n euch Bin. Ich fühle mit euch, weil Ich euch liebe. Ich rufe aus dem Seelengrund, und ihr hört Mich nicht. Ich bitte euch, umzukehren, denn ihr seid Kinder der Fülle, Kinder der Liebe. Und ihr hebt die Schultern und sprecht: „Es wird noch einmal werden." Sind es nicht vielfach Nadelstiche oder Nägel in Meinem Herzen? Ist nicht doch immer wieder die Lanze spürbar? Ich lebe in euch. Ich gehe mit euch. Ich Bin immer für euch! Der Geist Gottes, der eine Geist im Vater, Vater und Sohn – in der einen Kraft der eine Geist – ist immer für euch. Er kann sich gar nicht von euch abwenden, weil Er euch unendlich liebt. Und ihr wollt immer noch warten, warten, bis ihr die Sprache der Liebe sprecht?

O fühlt, fühlt in euer Herz hinein. Fühlt tief hinein, um dort zu ergründen, wie nahe Ich jedem von euch Bin. Wahrlich, Ich Bin immer gegenwärtig. Immer spende Ich Liebe.

Immer sende Ich Frieden. Immer biete Ich Meine Hilfe an. Immer Bin Ich gegenwärtig für dich, Mein Bruder, für dich, Meine Schwester.

Bist du für Mich, dann bist du für dich, für dein Inneres, für dein wahres Leben. Dann baust du das Schicksalsgebäude ab und fühlst dich frei. Wißt ihr, was Freiheit bedeutet? Das fühlt ihr nur dann, wenn ihr die Sprache der Liebe sprecht, denn sie ist Klarheit, sie ist Schönheit, sie ist Reinheit, sie ist das Ebenmaß in allen Dingen. Sie durchströmt Raum und Zeit und schwingt hinein in die Ewigkeit, alldurchstrahlend, weil die Sprache der Liebe das Gesetz der Liebe ist. Die Sprache der Liebe ist verbindend. Die Sprache der Liebe ist beständige Kommunikation mit Dem, der die Liebe selber ist, mit dem Gesetz, mit der Unendlichkeit, mit allem Reinen. Das ist Freiheit. Das ist Anmut. Das ist Schönheit. Das ist Klarheit. Daraus ergibt sich die Fülle – du wirst nie darben. Dann ist dein Wohlstand ärmlich, denn die Fülle ist wahrer Reichtum, der Schatz der Unendlichkeit.

Du, du, du – jeder einzelne ist ein großer Schatz der Unendlichkeit. Wann, Bruder, wann, Schwester, wirst du dein göttlich Erbe erfüllen in der Sprache der Liebe?

Beginne, die Sprache der Liebe zu sprechen. Glaube. Vertraue. Gib dich Mir hin, und wisse: Die große Liebe kann sich niemals von dir abwenden, weil sie immer, ewig gebend ist. Sie, die Liebe, die dich liebt, sieht dich immer im Herzen der Liebe. Und so wirkt die Liebe. So gibt die Liebe – immer das Beste für deine Seele, auf daß sie wieder zur Liebe werde.

Laßt in euren Herzen Meine Worte nachschwingen. Und machet euch bewußt: Ich Bin immer und ewig gegenwärtig, immer für euch, für jeden. In diesem Bewußtsein haltet inne. Empfindet tief in Meine Worte hinein, das, was euch berührt hat, und fragt euch selbst: Wann soll es werden?

Meinen Frieden und Meine Liebe lasse Ich euch,
   euer Bruder und Erlöser, Christus.

*Die Welt spricht von Frieden
Wo ist der Friede?*

Offenbarung GOTT-Vaters, 1988

Ich Bin euer Herr und Gott, ihr sollt keine fremden Götter neben Mir haben. Wo steht der Mensch im Zeichen der Erlösung? Steht er neben Meinem Sohn, den Ich der Menschheit sandte, auf daß sie werden, so wie Ich sie schaute und geschaffen habe – göttlich?

Was sind eure Götter? Obwohl ihr mit den Lippen zu einem Gott betet – es ist der Mammon, es sind die äußeren Dinge dieser Welt, Reichtum, Ansehen, Ichbezogenheiten in unzähligen Variationen. Die Masse Meiner Kinder betet. Doch wo ist die Erfüllung des Gebetes? Blickt in eure Welt, und blickt letztlich auf euch selbst.

Viele sprechen: Christus, Christus, Du mein Erlöser! – Was übergebt ihr eurem Erlöser? Ihr betet hin; doch was ihr hinbetet zu eurem Erlöser, sollt ihr in die Tat umsetzen, auf daß ihr werdet, so, wie Ich euch geschaut und geschaffen habe, und ihr wieder Mein Antlitz schaut als Kinder eures Vaters, der Ich Bin.

Wie lange noch sprecht ihr vom Geist und werdet nicht Geist aus Meinem Geiste? Wie lange noch sprecht ihr von der Gottesliebe und werdet nicht Liebe aus Meiner Liebe? Wie lange noch lest ihr in euren Bibeln die Evangelien und lebt nicht danach?

Ihr verschleiert, was euch gesandt wurde und gesandt ist: die Propheten – und somit Mein Wort und das Wort Meines Sohnes. Viele unter euch sind Heuchler; sie bejahen die Liebe Gottes, das ist das einzige. Wo ist ihr Stand? Wo ist der Stand all jener, die sich Vertreter des Lebens nennen? Wären sie Vertreter des Lebens, so wären sie Kinder Gottes, eine Einheit im Geiste ihres Erlösers.

Woraus bestehen eure Konfessionen? Einzig aus irdischem Machtanspruch. Denn hätten sie den Geist der Wahrheit, dann wären viele auf der Erde beseelt von der Wahrheit, und die Prophetie müßte nicht mehr sein, denn die Meinen wären Mein Wort. Doch so sind sie trügerische Menschen, die sich den Gesinnungen derer anschließen, die nur Macht und Ansehen auf dieser Erde anstreben.

So wird Christus verleugnet Tag für Tag, Stunde um Stunde, Minute um Minute. Und so wird der Zweifel gesät an dem ewigen Geist, der Ich Bin, das Leben von Ewigkeit zu Ewigkeit.

Meine Kinder sollen herausfinden aus Not und Drangsal. Deshalb sandte Ich Meinen Sohn, der euer Erlöser wurde. Doch wo sind die ersten Schritte Meiner Kinder hin zu ihrem Erlöser? Viele sprechen von Ihm, doch ihre Schritte gehen in die Welt. Macht, Ansehen, Hab und Gut ist der Mammon, sind die Götter, gleich Götzen. Wo ist die Liebe, die Wärme unter den Menschen, die Jesus von Nazareth ausstrahlte? Wo ist die Verbundenheit der Völker, die Jesus wollte? Wo ist die Harmonie in den Herzen der Menschen? Zugedeckt von eitlem Wahn!

O erkennet, und erfasset es in euren Herzen: Ich rufe euch unmittelbar und rufe euch über Christus, umzukehren! Wohin? Nicht zu einem Heilsversprecher, sondern in euer Herz, denn dort wohne Ich, da ihr der Tempel Meines Geistes seid. Und Ich ermahne euch, auch nicht zu glauben, was Ich hier rede; Ich ermahne euch, das zu verwirklichen, woran ihr glaubt, sei es an die selbstlose Liebe, sei es an den inneren Frieden, sei es die innere Harmonie.

Wer nur spricht, ist Gott nicht nahe. Doch wer verwirklicht, der kommt dem Herzen des Lebens näher und empfindet in sich Mein Wort.

Meine Kinder, noch seid ihr Menschen, doch in euch ist das strahlende Leben aus Mir. Was ist, wenn ihr das Zeitliche, den materiellen Körper, verlaßt? Glaubt ihr, es tun sich die Himmel auf und ihr seid im Heiligtum eures Vaters? In dem Augenblick, in dem sich die physischen Augen schließen, wechselt ihr nur die Kulisse, doch ihr seid dieselben.

Euer Reisegepäck ist nicht Kleidung, Schuhe, Geld und Gut; euer Reisegepäck in die jenseitigen, feinstofflichen Bereiche ist das, was ihr in eure Seelen geschrieben habt: Haß, Neid, Feindschaft, Streit – oder die selbstlose Liebe, Harmonie und Frieden. Was ihr jetzt, in diesen Augenblicken in euren Gedanken sät, das geht in eure Seele; das seid ihr selbst, das ist euer Reisegut; mit dem werdet ihr durch die Bewußtseinsschleier gehen und als Seele erwachen und erkennen, was euch anhaftet.

Immer wieder hört ihr die Worte: Nützt die Stunde, nützt die Minute. – Worte sind nur Begriffe, doch wenn ihr erfaßt, was der Inhalt der Worte ist, dann werdet ihr begreifen, welch Gnade die Erde besitzt. Denn die unendliche Liebe, die Ich Bin, strahlt die Gnade auf diese Erde, in diese Welt. Gnade ist gleich Schutz und Führung für all jene, die sich bemühen, den Schritt hin zu Christus im Inneren zu tun.

O sehet, eure menschlichen Gedanken sind für den Menschen nur dann sichtbar, wenn er erleuchtet ist. Für den Menschen auf dem Weg sind eure Gedanken nicht sichtbar. Doch Gedanke ist Kraft und Energie. Und so eure Gedanken zu jenen strömen, die sich bemühen, den Weg nach Innen zu wandeln, setzt die Gnade ein, um diese Wanderer hin zum Bewußtsein der Liebe zu schützen, damit sie von den negativen Kräften nur soviel aufnehmen, was gut für die Seele ist zur weiteren Reifung. Doch in den jenseitigen Bereichen, hinter den Bewußtseinsschleiern, ist alles offenbar. Dort wirkt nicht die Gnade, weil ihr es selbst seht und in euren Geistkörpern erlebt. Dort wirkt wohl weiter die Erlösung als die pulsierende Kraft, die euch den Weg zeigt, heraus aus dem, was ihr in euren Seelenkörpern selbst erfahrt und in ihnen schaut. Denn dort ist alles offenbar, jeder Gedanke, jede Empfindung, das Wort des Menschen, die Handlung.

O erkennt, in welchem Bewußtsein ihr lebt. Ihr lebt in dem Bewußtsein der Gnade, wenn ihr die ersten Schritte tut, heraus aus dem menschlichen Ich durch Verwirklichung der ewigen Gesetze.

Jedem ist die Möglichkeit gegeben, herauszufinden aus Drangsal und Not, deshalb die Erlösung in jedem einzelnen. Doch du, Mein Kind, mußt die Erlöserflamme nähren, indem du ihr dein Menschliches gibst, damit es umgewandelt wird und du immer mehr göttliche Kraft empfängst.

Ich sprach zu euch, daß viele Gebete nicht fruchtbar sind. Weshalb? Weil diese nicht beseelt sind von der Liebe zu Mir. O sehet, Ich Bin Geist, allgegenwärtiger, ewig strömender Geist. Dein freier Wille liegt darin, daß Ich dich mit Meinem Geist berühre, dich jedoch nicht dränge, geistig zu denken, zu leben und zu handeln. So, wie die Sonne dich nicht drängt, die Strahlen aufzunehmen. Sie strahlt. Sie drängt dich nicht, aus dem Schatten ans Licht zu gehen; sie drängt dich nicht, aus dem Keller in die Helle zu gehen; sie drängt dich nicht, deine Fenster und Türen zu öffnen – sie strahlt. Und so strahle Ich.

Nur der, der die Selbstlosigkeit entwickelt, kommuniziert mit der Selbstlosigkeit, mit Mir, dem Geist. Jeder reine, selbstlose Gedanke ist gleich Kommunikation mit Mir, dem Geist. Jeder menschliche Gedanke kommuniziert wieder mit dem Menschlichen. Was der Mensch sät, das erntet er – darin liegt die Kommunikation. Du kannst keinen Finger bewegen, außer, der Geist gibt dir die Kraft dazu. Kraft ist gleich Kommunikation, wenn sich der Mensch bewegt, wenn der Mensch schaut, hört, riecht, schmeckt und tastet. Das reine Sein ist reinste Kommunikation mit Mir, dem Allgeist, dem Vater-Mutter-Gott. Und so ihr im Kausalgesetz, im Gesetz von Saat und Ernte, lebt, kommuniziert ihr unaufhörlich mit euren eigenen Gedanken, Worten und Werken, die ihr in die Atmosphäre gesandt habt, die um euch sind, die ihr abruft entsprechend eurem Empfinden, Denken, Reden und Handeln.

Wenn du also nur betest und dein Gebet nicht mit der Liebe, mit der selbstlosen Liebe, beseelst, kommunizierst du nicht mit den höchsten Kräften der Liebe. Deshalb sind deine Gebete unfruchtbar.

Mein Kind, was hat dir Jesus von Nazareth geboten? Die Bergpredigt zu verwirklichen! Was bietet dir der Christus, dein Erlöser? Die Bergpredigt in den Details des Lebens zu erkennen, sie umzusetzen, denn das ist der Weg ins Königreich des Inneren.

Du sagst, du kannst diesen Weg nicht gehen? Du kannst nicht? – Du willst nicht! Weshalb? Weil der Mammon dich fördert. Doch so du erkennst, wer du bist, wirst du erfahren, wie niedrig das menschliche Ich ist, wie dein eigenes Ich dich selbst knechtet. Du hast Angst vor der Zukunft – weshalb? Weil du in der Knechtschaft deiner eigenen Gedanken und Sinne stehst?

O sehet und erfasset, Meine Kinder, der Weg heraus aus der Knechtschaft menschlichen Ichs ist euch erneut angeboten. Wohlweislich, Mein Kind, nur angeboten! Darin erkennst du: Ich dränge dich nicht. Ich beeinflusse dich nicht. Ich strahle. Und so du den ersten Schritt tust hin zur Selbstlosigkeit, findest du immer mehr Zugang zu der großen, reinen, allumfassenden Kommunikation mit den positiven Energien des Lebens, mit Mir, dem Geist deines Vaters.

Wenn auch Meine Worte ernst sind, so erkennst du darin die Hoffnung für dich, den Frieden für dich, die Harmonie für dich und die allumfassende selbstlose Liebe für dich. Sage nicht „für andere". Für dich! Denn wenn du das Instrument Meiner Liebe geworden bist, dann strahlst du Meine Liebe aus und kannst deine Nächsten beseelen.

O erkennet, die Welt spricht von Frieden. Wo ist der Friede? Viele sprechen von Harmonie. Ist in ihnen die Harmonie? Die Christen sprechen von Christus. Ist Er in ihnen bewußt auferstanden? Viele sprechen von Mir, dem Vater-Mutter-Gott – und ihr Herz ist erfüllt von Angst und Sorge!

Ist das die Welt, die ihren Erlöser trägt? Sage nicht, der andere soll es tun! D u bist gerufen, deinen Erlöser, Christus, bewußt in dir zu tragen. Das heißt, lege jeden Gedanken auf die Waage des Gesetzes, und wäge ihn ab, ob er göttlich oder ichbezogen ist. Und so er ichbezogen ist, übergebe ihn deinem Erlöser, Christus in dir, denn Er wohnt in dir, um das Menschliche zu verzehren, um dich wieder göttlich werden zu lassen, so, wie Ich dich schaue und geschaffen habe.

Und so du bewußt und freudig den ersten Schritt hin zu deinem Erlöser tust, indem du deine Gedanken, deine Worte, deine Neigungen und Regungen abwägst, sie deinem Erlöser hinträgst und nicht mehr tust, wirst du Meine heilige Gnade verspüren, die dich schützt und belebt, und du wirst die ersten Schritte sicher auf dem Pfad zum Inneren Leben tun.

Freue dich, und spüre, Mein Kind: Der Geist der Liebe wohnt in dir, und dein inneres Wesen ist unsterblich. Weißt du, wann du deine menschliche Hülle verläßt? Daher sei wachsam, jeden Augenblick, jede Stunde, jeden Tag. Denke an die innere Waage: Wäge dein Leben ab, und gehe die Schritte hin zu Christus, Der in dir wohnt.

Und wenn du den Sinn Meiner Worte zu erfassen vermagst, dann erkennst du: Ich führe dich zu keiner Konfession. Ich führe dich zu keiner äußeren Religion. Ich führe dich zu keinem Menschen, auf den du hören sollst. Ich führe dich in das Königreich des Inneren zu deinem Erlöser. Und die Führung ist in jedem Gedanken, den du abwägst, die Führung ist in jedem Wort, in jeder Handlung, denn in allem Bin Ich, die Kraft des Lebens. Wäge deine Gedanken ab, ob sie selbstlos oder menschlich bezogen sind, und du erkennst darin deinen Weg – und du erkennst dich letzten Endes selbst.

Wäge deine Worte ab. Entsprechen sie deinen Gedanken? Oder gibst du nur vor, was du nicht bist? Dann beeile dich, darin das Selbstlose zu finden, und handle danach. Dann erkennst du deinen Weg. Wäge deine Taten ab, ob sie selbstlos oder ichbezogen sind, und handle rasch. Geh zu deinem Herrn in dir; übergib das Menschliche, und du erkennst in dir den Weg der Liebe. Und du wirst nicht mehr einsam sein, weil du zu Menschen findest, die gleicher Gesinnung sind, die ebenfalls ringen mit ihrem menschlichen Ich, die ablegen und hinwandern in das Herz der Liebe, das Ich Bin.

O erkennt die Freiheit, die euch zustrahlt! So, wie ihr jetzt, in diesem Augenblick, denkt, das seid ihr. Was willst du mit deinen Gedanken tun? So wie ihr jetzt, in diesem Augenblick, empfindet, das seid ihr. Was wollt ihr mit euren Empfindungen tun? Willst du sie Christus hintragen oder Ihn verraten, indem du wieder menschlich denkst, wieder die Schritte nach außen lenkst?

Mein Kind, Ich Bin die Gerechtigkeit. Alles wird gewogen, gemessen – wie wirst du empfunden und befunden? Sage nicht, du hast Zeit. Jetzt ist dir die Möglichkeit gegeben, jetzt dich zu erkennen und zu finden.

Das Leben währt ewig, weil Ich ewig Bin. Und da du aus Mir bist, wird dein geistiger Leib ewig sein. Doch wann gehst du in die Herrlichkeit, in deine Heimat, ein? Wenn du rein bist, makellos! Daher nütze die Zeit, nütze jeden Augenblick, bitte um Vergebung, und vergib, und sündige nicht mehr. Das ist ein großer Aspekt auf dem Weg nach Innen. Finde in deinem Nächsten das Gute, bejahe es, und du entwickelst dich selbst zum Guten. Denn sobald du mit den positiven Kräften in Kommunikation kommst, wirst du klar und wachsam und erkennst sofort, wenn sich der Finsterling anschleicht, um dich in Empfindungen und Gedanken, ja auch mit Worten und Handlungen zu verführen.

Mein Kind, Ich rufe dich! Dein Erlöser, Mein Sohn, erschloß für dich die Himmel. Die Tore sind offen. Betrete deine ewige Heimat; Ich, dein Vater, erwarte dich. Doch das Tor in die ewige Heimat, zu deinen ewigen Wohnungen, wirst du nur dann passieren, wenn du die Erlöserflamme nährst, indem du dein menschlich Erkanntes der Flamme übergibst und so Kraft aus der Christuskraft empfängst.

Was willst du also tun? Du kannst dich nicht zerstören. Und zerstörst du deinen Leib, so bleibst du doch als Seele der Mensch, mit allem, was nicht bereinigt ist. Und erkenne, daß dir die Gnade beisteht, alles zu bereinigen, bevor du es an deinem Körper erfahren mußt. Deine Gedanken, deine Empfindungen, deine Worte und Handlungen – schau hinein. Sie sagen, was du jetzt bereinigen sollst, auf daß die Wogen deines menschlichen Ichs nicht deinen Körper treffen und du leiden mußt. Denn das Leid, die Not, die Krankheit, die Armut bist du selbst, weil du wider den inneren Reichtum gehandelt hast.

Doch schaue auf deinen Erlöser in dir. Du sollst nicht leiden. Du sollst nicht arm sein. Du sollst nicht krank sein. Er schenkt dir vorher Impulse, sie lauten: Kehre um, Mein Kind, kehre um in deinen Empfindungen, Gedanken, Worten und Handlungen, in deinen Regungen und Neigungen, kehre um! Hier begegnest du deinem Bruder und deiner Schwester. Was denkst du? Bitte um Vergebung, und vergib, und tue es von Herzen. Ja, Mein Kind, tue es von Herzen, denn was nicht aus dem Inneren geschieht, bleibt in und an dir haften, und du wirst es erfahren und schauen, spätestens dann, wenn du diesen Leib verlassen hast. Daher nütze die Zeit, und wandle sie in dir um zur Ewigkeit, denn du bist ein Kind der Ewigkeit.

Wandle die Zeit um, Mein Kind, indem du kosmisch denkst. Kosmisch denken heißt, Verbindung haben mit dem reinen Sein. Kosmisch leben heißt, mit dem Nächsten in Frieden und Eintracht leben. Kosmisch lieben heißt, dem Nächsten selbstlos zu begegnen, zu geben und nichts zu erwarten. Lebe also kosmisch, und du lebst universell, denn dann fallen die Grenzen, und es wird e i n Volk sein, das Volk des Christus. Dorthin führt euch, alle Menschen, alle Seelen, Mein Sohn, euer Erlöser.

Ihr seid hierher, in dies weltliche Bauwerk, freiwillig gekommen, und so, wie ihr gekommen seid, könnt ihr wieder gehen. Ihr braucht kein Wort aus Meinem Geiste annehmen. Ich strahle euch Meine Liebe zu. Nimmst du sie an, so wirst du im Inneren reich werden.

Zweifelst du, ist auch gut. Lächelst du darüber, ist auch gut. Verwirfst du Mein Wort, ist auch in Ordnung – für dich. Doch Ich strahle weiter in alle Ewigkeit. Dadurch, Mein Kind, findest du zurück zu Mir. Wann, das überlasse Ich dir, denn du hast den freien Willen. Das Gesetz, das du dir geschaffen hast durch dein menschlich Ich, wirkt auf dich ein. Befreist du dich davon, dann findest du ins kosmische Sein und stehst in Kommunikation mit Mir, dem Geist deines Vaters. Und du lebst in Herrlichkeit, in Frieden und selbstloser Liebe mit Mir, deinem Vater, von Ewigkeit zu Ewigkeit.

Das Bin Ich, der Geist von Ewigkeit zu Ewigkeit, und du bist, ob du es annehmen möchtest oder auch nicht, Mein Kind von Ewigkeit zu Ewigkeit.

Wo steht ihr?
Zu Meiner Rechten?

Offenbarung von Christus, 1991

Ich Bin in Gott, Meinem Vater, Christus, Sein Sohn. Der Vater ist größer als Ich. Deshalb verneigen sich vor Seiner Herrlichkeit und Größe der Sohn und die göttliche Weisheit.

Die Zeit ist nahe, in dieser Ich die Herrschaft übernehmen werde, über die Erde und über alle Stätten der Reinigung, in Verbindung mit der göttlichen Weisheit.

Mein Vater ist größer denn Ich. Ich Bin die allgegenwärtige Kraft in Gott in den ersten vier Grundkräften des Lebens, auch Wesenheiten Gottes genannt. Gott, unser ewiger Vater, ist die Allkraft, das heißt allgegenwärtig. Er ist Kraft, Liebe, Weisheit. Er ist die gesamte Unendlichkeit. Er ist der Vater-Mutter-Gott. Er ist das Leben der Kinder.

Ewiger herrlicher Vater, Dein Sohn dankt Dir, daß Du Mich gesandt hast, um Deinen Kindern die Kraft der Erlösung zu bringen. Ewiger herrlicher Vater, vor Dir verneigt sich die ganze Unendlichkeit; alles Sein steht in Deinem Dienst.

Du großer All-Einer, Du mächtig ewiger Ur-Geist, Deine Liebe ist unendlich, kraftvoll und weise. Von Herzen danke Ich Dir, daß Ich auf Erden und in den Stätten der Reinigung für Deine gefallenen und belasteten Kinder wirksam sein kann. Du gabst Mir die Kraft, die Erlösung zu bringen, und schützt gleich das Potential der erlösenden Kraft.

Ewiger herrlicher Vater, Ich, Dein Sohn, danke Dir. An Kindes Statt nahm Ich alle Menschen und Seelen an. Deshalb spreche Ich sie in Deinem Namen als Meine Kinder an. Denn Ich führe sie heraus aus Trübsal, Not, Krankheit und Pein, hin zu Dir, der Du bist von Ewigkeit zu Ewigkeit.

Ewiger herrlicher Vater, unser Reich ist die Wonne, die Schönheit, der Glanz aus Dir. Du bist das leuchtende, absolute Gesetz, das unvergänglich ist, weil Du absolut und vollkommen bist. So Bin Ich in Dir, in Deiner Absolutheit und Vollkommenheit, Geist aus Deinem Geiste, allgegenwärtig in den vier Grundkräften Deines Lebens, und so allgegenwärtig in allen Menschen und Seelen.

Herrlicher Vater, Dein Wille geschieht.

Meine Kinder, Meine geliebten Brüder und Schwestern im Geiste Meines Vaters, die Heimat, das ewige Sein, ist strahlend leuchtende, absolute Kraft. Dort ist euer ewiges Zuhause, die Heimat des reinen Geistwesens. Dorthin führe Ich euch. Und die Urkraft des Vaters wird alles Unreine wandeln, und die Urkraft wird alles einbringen in das strahlende, ewig leuchtende ewige Gesetz, Gott.

Das ewige Gesetz ist unwandelbar, und die im ewigen Gesetz leben, sind komprimiert geistig-göttliches Gesetz. Das reine Gesetz, das absolute Gesetz also, wirkt nicht auf die reinen Wesen ein, die Wesen sind selbst komprimiertes Gesetz und kommunizieren beständig mit dem absoluten, göttlichen Sein, dem ewigen Gesetz.

So wie im Himmel, so ist auch auf Erden, ja in der ganzen Unendlichkeit die Kommunikation. Alle Kräfte kommunizieren miteinander; daraus ergibt sich auch die Gravitation. Alles trägt, alles bewegt sich, es gibt keinen Stillstand, denn Gott ist Leben.

Als der Fall begann, gab Gott aus dem Urgesetz einen Teil in das Gesetz von Saat und Ernte, also ein Potential an göttlicher Energie. Gott sprach zu Seinen Kindern: Ich gebe euch einen Teil Meiner Urkraft. Ihr habt, gleich, wo ihr seid, einerlei, wo ihr euch bewegt, was ihr auch tut, den freien Willen. Ihr könnt das geistige Potential heruntertransformieren, durch euer falsches Denken und Handeln umwandeln in euer Gesetz – oder es zurückbringen. Doch es steht im Urgesetz geschrieben: Ihr werdet das gesamte

Potential eines Tages wieder einbringen. Und so ihr es zu negativer Energie wandelt, werdet es ihr wieder hochtransformieren zu rein kosmischer Energie.

Die Fallwesen nahmen das Potential kosmischer Energie und transformierten es herunter. Dadurch entstand das Gesetz von Saat und Ernte. Alle weiteren Wesen, die sich belastet haben, transformierten das Gesetz herunter, und es wurde das sogenannte Kausalgesetz. Die Seelen verloren immer mehr an geistiger Kraft, und so gab das Ur-Leben das nächste Potential ein, es ist die Erlöserkraft, ein Großteil Meines geistigen Erbes. Dieses geistige Erbe kann nicht heruntertransformiert werden; es ist, in Funken aufgeteilt, in jeder Seele. Das ist die Erlösertat, das geschah auf Golgatha; es lag im „Vollbracht". Kraft dieses Erlöserpotentials findet ihr wieder zurück in das ewige Reich der Liebe und des Friedens.

O sehet, jedem ist nun die Möglichkeit gegeben, jetzt, in diesem Augenblick, umzukeh-

ren, das Negative dem erlösenden und befreienden Licht zu geben und so hineinzuwachsen in das göttlich-ewige Gesetz. Wer es jetzt nicht anstrebt, wer sich Zeit nimmt, den wird Gott nicht strafen – er bestraft sich selbst.

Ihr habt von unserem ewigen Vater gehört: Alles beruht auf Kommunikation. Die reinen Wesen kommunizieren mit dem ewig reinen Sein, die Unreinen mit dem, was sie in die Welt und in die Astralwelten gesandt haben. Jede Empfindung, jeder Gedanke, jedes Wort und jede Handlung ist Energie. Keine Energie geht verloren. Sowohl die positive als auch die negative Energie strömt auf den Absender zurück. Die positiven Energien sind selbstlose, liebevolle Empfindungen, Gedanken, Worte und Handlungen und bewirken in der Seele und im Menschen die Freiheit und den Aufstieg in höhere Bereiche des Lebens, ja bis hin zur Absolutheit, hinein ins göttliche Sein. Die negativen Energien kommen ebenfalls auf Seele und Mensch zurück, denn alles ist Kommunikation. Alleine schon, wenn du Angst vor etwas hast, liegt eine Kommunikation mit den Kräften zugrunde, die du entweder schon in diesem oder in einem der Vorleben ausgesandt hast. Angst ist also ein Zeichen, das dir sagen möchte: Kehre um! Vertraue!

Jeder Gedanke des Hasses, des Neides zeigt dir: Kehre um! Liebe selbstlos; nimm deinen Nächsten an – bevor du die Kräfte, die du ausgesandt hast, verstärkst, die sodann über dich hereinbrechen. Die Zeichen sind mannigfach, die du bekommst, bevor das zuschlägt, was du selbst ausgesät hast. Bist du wachsam, und bereinigst du rechtzeitig, was du erkannt hast, dann wird sich das Negative in positive Kraft wandeln, und du steigst höher auf der Leiter zum kosmischen Sein.

Mein Kind, unser Vater sprach: Nütze die Zeit! Und so spricht auch dein Erlöser: Nütze die Zeit, und erkenne dich in jedem Gedanken, und erkenne auch rechtzeitig den Fingerzeig des Schicksals. Denn Gottes Gnade waltet und zeigt dir vorab, was dich eventuell treffen könnte. Die Zeichen zeigen es in der Furcht, in der Angst, im Zweifel, im Haß, im Neid, in allem Menschlichen. Wisse, was der

Mensch sät, das erntet er. Doch sofern er rechtzeitig bereut und nicht mehr sündigt, wandelt sich das Gegensätzliche in positive Energie, und die Ernte muß nicht getragen oder nur zum Teil getragen werden, je nachdem, wie groß das negative Potential ist, und wenn es gut ist für die Seele.

So findet alles die Beachtung im großen Gesetz des Lebens. Du bist nicht verloren! Du bist erkannt in allen Einzelheiten. Du selbst stehst im großen Buch des Lebens, im Gesetz von Saat und Ernte und im absoluten Gesetz, und alles ist in deiner Seele verzeichnet.

Mein Kind, was geschieht, wenn du jetzt, in diesem Augenblick, das Zeitliche verläßt? Der ewige Vater sprach: Deine Seele geht durch Bewußtseinsschleier. Dorthin, wo dein physisches Auge nicht hinzublicken vermag. Der Vater sagte, du wechselst nur die Kulisse, doch du bist als Seele der Mensch.

O sehet, wenn ihr schlafen geht, dann trennt sich die Seele vom Leib, und wenn ihr wieder erwacht, dann sprecht ihr von Träu-

men. Doch letztlich wißt ihr nicht, wo die Seele war – und doch war sie unterwegs. Eventuell durchdrang sie die Bewußtseinsschleier und schaute sich dort um, wo ihr geistiger Bestimmungsort ist, entsprechend ihrem Entwicklungsstand.

Die Seele kommt wieder zurück, doch die Information der Seele über den Menschen ist spärlich – vielleicht ein Traum, vielleicht nur ein Empfinden, die Seele war da und dort. Weshalb kann die Seele nicht konkret dem Menschen übermitteln, wo sie war? Weil der Mensch, die äußere Hülle, an das Zeitliche, an die drei Dimensionen, gebunden ist. Doch sobald die Seele das Haus, den Körper verläßt, erwachen in ihr weitere Dimensionen.

Meine Kinder, Meine geliebten Brüder und Schwestern, das Leben währt ewig, und kein Kind ist verloren. Kein Kind soll das tragen müssen, was so viele, viele Menschen tragen, Leid, Not, Krankheit, Schicksal und vieles mehr.

Eine große Anzahl von Menschen sagt: "An meinem Schicksal, an meiner Krankheit ist der andere schuld." Wer ist denn der andere? Das ist der, den du nicht annehmen möchtest; es ist nämlich dein Nächster. "Der andere ist schuld!" Nimm den anderen an als deinen Nächsten! Er ist nicht schuld an deiner Krankheit, an deinem Leid. Er war dir eventuell Spiegel im Streit und in mancherlei Gesprächen. Sage nicht "Der andere hat mich geärgert, deshalb mein Zustand." Der andere ist dein Nächster. Er war dir Spiegel. Du hast es kaum gesehen, weil du nicht in den Spiegel hineingeschaut hast. Du hast nicht wahrgenommen, was dir dein Nächster unbewußt sagen wollte, nämlich die Weisungen Gottes durch ihn: Ändere dich, bevor das Schicksal, dein Schicksal, über dich hereinbricht. – Und so du die Weisungen nicht angenommen hast, mußtest oder mußt du es tragen.

Und nun sprichst du: "Ich armer Mensch bin krank, des anderen wegen. Ich leide wegen des anderen." Was tust du? Du verstärkst deine Krankheit, du verstärkst deine

Leiden, und dann rufst du: „Herr, Herr, hilf!" so, wie es der Ewige offenbarte? Wie kann dir die erlösende Kraft, Gott, dein Vater, durch Mich, den Christus, helfen und beistehen, wenn du letztlich dem anderen, deinem Nächsten also, das zusprichst, was du selbst verursacht hast, und zugleich verstärkst, was du trägst?

Meine Kinder, die Unwissenheit ist groß auf dieser Erde, in dieser Welt. O sehet, die Welt kann nicht von außen verändert werden hin zum Positiven. Die Welt bedarf der Menschen, die das Gesetz der Liebe verwirklichen und allmählich aus dem Gesetz von Saat und Ernte herausgelangen. Sie sind dann die Werkzeuge der selbstlosen Liebe, die in der Welt nicht missionieren, sondern das Gesetz der Liebe ausstrahlen, es darlegen, doch keinen Menschen zwingen, anzunehmen, was der verwirklicht hat, der es wiedergibt.

Gott ruft euch durch Mich, den Christus: Wandelt euch! Transformiert die Kausalenergien hoch zu den positiven Lebenskräften;

durch Mich, den Christus in euch, ist dies möglich. Der Erlöserfunke nimmt das Negative auf, wandelt es in positive Lebensenergie um – und auf diese Weise wachst ihr hinein in das geistige, reine Sein.

O sehet, wer Krankheit, Not, Schicksal und dergleichen annimmt im Bewußtsein „Ich habe es verursacht. Herr, ich lege es in die göttliche Flamme und bejahe die positiven Lebenskräfte in mir und auch in meinem Nächsten. Ich bemühe mich, zu vergeben und um Vergebung zu bitten und nicht mehr zu sündigen." Was geschieht? Deine Leiden verringern sich, deine Krankheit geht zurück, und so du sie tragen mußt, weil das Ursachenpotential sehr groß ist, so spürst du Mich, den Träger des Kreuzes, Christus, in dir.

Mein Kind, blicke nicht auf das Negative! Finde in allem Negativen das Positive, und damit kommuniziere. Bejahe das Positive in deinem Nächsten, spreche es an, und freue dich darüber. Im selben Augenblick hat das Gegensätzliche keine Macht mehr über dich.

Weiht euer irdisches Leben dem ewigen Vater, und ihr spürt die Weihe eurer Seelen, denn sie sind aufgenommen in das Leben Gottes durch Mich, den Christus. Und denkt daran: Im Leid ist die Kraft zur Freude, in der Krankheit die Gesundheit, im Unglück das Glück, im Haß und in der Feindschaft die selbstlose Liebe. Achtet darauf, und ihr werdet nicht mehr sagen „der andere" – mein Nächster, mein Bruder, meine Schwester.

Meine Kinder, und es wird hell werden auf dieser Erde durch Mich, den Christus, und die göttliche Weisheit. Und es wird die Christuswelt erstehen, und die Menschen werden weise sein. Seid ihr die Vorboten dieser lichten Zeit? Willst du, du, du ein Vorbote sein? Dann befolge, was Ich dir geboten habe: Liebe deinen Nächsten so, wie der Vater und Ich, dein Erlöser, dich lieben. Sorge dich nicht. Plane gut, und führe den Plan mit der göttlichen Weisheit und Liebe durch, und du wirst erstarken in dir. Die innere Stärke ist die Kraft des Vaters, der dich dann in die

Welt führt und dich dort einsetzt für Ihn, wo es gut ist für das große Ganze.

Der geistige Frühling bricht auf dieser Erde an, auch wenn noch Chaos, Krieg, Krankheit und Not die Welt zeichnet. Der geistige Frühling ist der Christus in Verbindung mit der göttlichen Weisheit. Bist du ein Bote des geistigen Frühlings? Ja, bist du selbstlos, bist du erfüllt von der Kraft der Liebe? Prüfe deine Empfindungen, Gedanken, Worte und Handlungen. Und möchtest du ein Bote des geistigen Frühlings werden, dann wandle hinein zum Herzen Gottes. Die Weisungen liegen auf dem Weg: Ordne dein Leben. Erkenne den Willen Gottes. Sei weise, ernsthaft, geduldig, liebevoll und barmherzig. Und so du gerecht wandelst, bist du ein Bote des geistigen Frühlings.

Meine Kinder, Meine Brüder und Schwestern, unendlich ist die Liebe des Vaters in Mir, dem Christus, und diese Liebe gebe Ich euch ganz bewußt mit auf den Weg. Der Vater liebt euch. Ich liebe euch. Und diese

Liebe ist die Kraft und die Quelle der Kraft in jedem von euch. Gehet hin, und fühlt euch als Gesegnete. Gehet hin, und verwirklicht, denn der geistige Frühling kommt. Wo stehst du? Wo stehst du? Wo steht ihr alle? Zu Meiner Rechten? Ich bejahe es.

In diesem Bewußtsein gehet hin. Ich Bin bei euch, denn Ich Bin im Vater und der Vater in Mir von Ewigkeit zu Ewigkeit strömendes Leben.

Seid ihr wahre Christen in Meiner Nachfolge?

Offenbarung von Christus, 1990

Wahrlich, Ich sage euch, Ich Bin d e r Christus. Auf dieser Erde, in dieser Welt gibt es viele Christusse. Doch diese Christusse sind nicht d e r Christus, der Erlöser aller Seelen und Menschen.

Erkennet und erfasset in euren Herzen, daß ihr kosmische Wesen seid! Wer sich zum kosmischen Sein emporgehoben hat, der kennt die Gesetze des Alls. Er wird nicht fragen – er weiß. Denn wer in Liebe und Weisheit eingetaucht ist, der lebt im Gesetz Gottes, im Gesetz des Alls, und ist auch ein mächtiger Kanal des Alls, durch den die positiven Kräfte strömen – hin zu allen Menschen, hin zu den Naturreichen, zur ganzen Erde.

Erwachet zu den kosmischen Wesen, die der Ewige schaut, die der Ewige geschaffen hat, denen Er das Erbe der Unendlichkeit gab, auf daß ihr nicht mehr Mein Wort durch Menschenmund hören müßt – so daß ihr dann zum Wort des Lebens geworden seid, zum Gesetz, auf daß ihr in eurem Inneren alles schaut und erfaßt. Denn wer in Mir lebt, wer das Gesetz des Alls ist, der weiß um alle Dinge; ihm ist nichts fremd; er kennt die kosmischen Zusammenhänge und weiß, daß diese materialistische Welt nicht mehr zu retten ist.

Ich, der Retter, Christus, sprach als Jesus von Nazareth zu den Menschen. Doch die Menschen nahmen Mich nicht an – ja, viele erkannten Mich nicht. Heute noch warten die Juden auf den Messias; doch der Messias war unter ihnen, und sie haben Mich nicht erkannt.

Immer wieder sucht ihr nach mächtigen Gestalten in mächtigen, prachtvollen Gewändern. Das ist nicht die Demut. Die Demut ist Bescheidenheit, und die Bescheidenheit symbolisierte Ich als Jesus von Nazareth.

Solange sich Menschen im Äußeren mit Titel und Mittel schmücken, mit Purpur und

Edelsteinen, sind sie im Herzen verarmt und fern von der ewigen Demut, der inneren Liebe, dem ewigen Vater in Mir, dem Christus. Es sind dann jene, die von Christus sprechen, doch dem Christus nicht nahe sind. Sie verwenden Meine Worte: „Christus", „Gottessohn", „Erlöser" – und letztlich mißbrauchen sie Mein Wort.

Deshalb führe Ich euch nach innen, auf daß ihr zu dem Christus findet, der Ich Bin – die Liebe, die Sanftmut und Güte eures Inneren. Erfasset und erkennet: Wer zum inneren Licht geworden ist, dem ist nichts verborgen; er schaut die sogenannten geheimsten Dinge, denn in Gott ist alles offenbar.

O erkennet, daß ihr kosmische Wesen seid, und so ihr euer Inneres erschlossen habt, kennt ihr die Gesetze des Alls. Ihr wißt, daß der mächtige Kosmos mit einem kosmischen Körper zu vergleichen ist: Die Urzentralsonne ist das Haupt, die mächtigen Sonnen sind die Organe, die Gestirne die Partikel – ihr würdet sie auch Zellen nennen.

Ihr sprecht von den vielen Milchstraßen – es sind mächtige Energiekanäle, welche die Organe, die Sonnen und die Gestirne, versorgen. Das reine Sein und der materielle Kosmos sind als ein Ganzes zu sehen, weil im materiellen Kosmos in jedem Planeten ein Teil des reinen Kosmos ist. So ist also das große Ganze ein riesiger Organismus, der von der Urzentralsonne versorgt wird.

Die Kräfte des Alls sind beständig in Bewegung – und so auch eure Erde, ja ihr selbst. Euer Körper besteht aus Zellen. Jede Zelle hat ein Geistbewußtsein, ein Unter- und Oberbewußtsein. Das Geistbewußtsein ist an das reine Sein angeschlossen, es kommuniziert mit dem rein kosmischen Geschehen. Das Ober- und Unterbewußtsein jeder Zelle kommuniziert mit dem materiellen Kosmos, und somit ist folgendes gewährleistet: Gleich, was der Mensch denkt, wie er spricht, wie er sich verhält, das geht in die Seele ein, wirkt sich in den Zellen aus und geht auch in den materiellen Kosmos, in die feinere Struktur – in die Reinigungsebenen –, und so der Gedanke, ja das Leben des Menschen rein, edel und gut ist, kommuniziert er mit den Kräften des reinen Seins.

Erkennet: Alles ist im großen Kosmos, im mächtigen kosmischen Organismus, gespeichert. Jedes Haar ist dort verzeichnet, denn jedes Haar ist Energie. Alles hat eine Bewandtnis – nichts ist umsonst, alles ist registriert. Und so würdet ihr sagen: Wo ist der freie Wille? Ihr besitzt den freien Willen: Ihr könnt euch für die reinen, ewigen Gesetze entscheiden, indem ihr edel und gut denkt und lebt – im Sinne des ewigen Gesetzes. Dann werden Friede, Harmonie, Liebe und Gesundheit euer Wesen, euren Menschen durchstrahlen. Ihr könnt eure eigenen Gesetze machen, das sogenannte Ich-Gesetz, das wider dem reinen, ewigen Gesetz ist – dann werdet ihr auch das ernten; euch wird also das zustrahlen, was ihr ausgesät habt. Ihr könnt euch jeden Augenblick für oder gegen Gott entscheiden. Jeder trägt das, was er in das mächtige All eingegeben hat. Da Gott Liebe,

Weisheit, Kraft und Güte ist, so wird dem Menschen d i e s e s zuteil, der nach den ewig kosmischen Gesetzen lebt.

Das können viele nicht verstehen. Denn viele glauben, wenn sie christlich wären, das heißt, wenn sie sich Christen nennen, dann wäre in ihnen alles vollzogen, oder wenn sie an Mich glauben und weiter sündigen, so wären trotzdem ihre Sünden aufgehoben. Das ist eine menschliche Ansicht, ein konfessionelles Denken, daraus sich eine Machtstruktur ergab, die Meinen Namen mißbraucht und die Menschen in Gefangenschaft hält.

O sehet, so sprechen viele von Mir und sind doch fern von Mir. Konfessionelles Denken ist nicht christliches Leben. Staatsmänner nehmen Meinen Namen für ihre sogenannten Parteien. Ich stelle denen die Frage, die wahrlich an Mich glauben: Ist das der Christus – oder wird Mein Name mißbraucht? Leben jene, die ihre Parteien nach Meinem Namen benennen, christlich? Leben eure kirchlichen Obrigkeiten christlich? Wäre das so, dann wäre diese Welt kein Leichnam, dann wäre diese Welt eine blühende Oase im kosmischen Sein.

O erkennet: Die Zeichen stehen wahrlich auf Sturm. Der Kosmos bewegt sich immer rascher. Viele Planeten strömen der Urzentralsonne zu – ja, der ganze Ordnungshimmel mit seinen Unterregionen wird nach und nach der Urzentralsonne zugeführt. Das heißt, die Urkraft zieht den Ordnungshimmel mehr und mehr an sich, um ihm vermehrte Energie zu geben. Das wirkt sich im reinen Sein als Licht und Kraft aus, in den Astralwelten als Aktion in den Seelen, auf der Erde als Umwandlung – und in den Menschen ebenfalls als Aktion. Die gesetzten Ursachen kommen rascher zur Wirkung.

O erkennet, die Welt spricht von Frieden. Ich sage euch: Wer nicht den Frieden im Herzen hat, der kann auch nicht den Frieden bringen. Viele sprechen von der selbstlosen Liebe – doch wer sie nicht im Herzen hat, der kann seinem Nächsten die selbstlose Liebe nicht bringen. Wer seinem Nächsten Glück und Gesundheit wünscht, der kann seinem Nächsten die Gaben des Heils nur dann bringen, wenn er selbst glücklich und gesund ist – denn alles ist Kommunikation.

Ist der Mensch unglücklich und wünscht seinem Nächsten Glück, so kann dieser nicht glücklich werden, denn das ewige Licht gibt dem Nächsten durch den, der ihm Glück gewünscht hat.

Wenn du deinem Nächsten Gesundheit wünschst und du selbst krank bist – wie kann die ewige Kraft durch dich deinem Nächsten Gesundheit schenken? Alles ist Kommunikation. Wenn du nicht in Kommunikation mit der Allkraft stehst – wie kann die Allkraft durch dich wirken und dem Glück und Gesundheit schenken, dem du beides gewünscht hast?

So erkennet, und erfasset in euren Herzen: Kein Arzt kann dem Patienten helfen, wenn er selbst krank ist. Wenn der Patient zum Arzt kommt und über Schmerzen in einem der Organe klagt und der Arzt ebenfalls Beschwerden in ein und demselben Organ hat, so wird er dieses Organ niemals für die Strahlung des Ewigen aufbereiten können – ja er findet nicht einmal das richtige Medikament, weil er selbst unter mangelnder Energie leidet.

Wie können Staatsmänner euch in Meinem Namen führen, wenn sie das Innere Leben nicht kennen – wenn sie kein christliches Leben führen, sondern nur Meinen Namen mißbrauchen? Wie können kirchliche Obrigkeiten euch zum Inneren Licht führen, wenn sie selbst am Inneren Licht arm sind?

O erkennet: Jahrhundertelang lehren viele sogenannte Priester und Theologen, Pfarrer – einerlei, wie sie sich nennen – aus der Bibel. Wenn sie selbst nicht leben, was sie vorlesen, so hat das Wort keine Kraft und geht nicht in den Nächsten ein.

So blickt in diese Welt: Wer hat euch geführt? Viele wurden verführt, weil Mein Name mißbraucht wurde und mißbraucht wird.

Wie lange wollt ihr noch im Äußeren leben? Wie lange wollt ihr noch von einem Leichnam zehren, der durch und durch kein

Leben mehr hat? All jene, die sich christlich nennen und nicht christlich gelebt haben und leben, haben aus der Welt einen Kadaver gemacht. Die Erde leidet, und der Mensch heuchelt immer noch, christlich zu sein. Wahrlich, Ich sage euch: Wer glaubt, immer noch vom Leichnam „Welt" zehren zu müssen, der ist selbst schon ein Leichnam und wird mit dem großen Leichnam Welt allmählich in die Grube getragen werden – einschließlich der Bibeln, die bisher den Menschen wenig gebracht haben, weil die, die daraus lehrten, das Leben des Heils nicht verwirklicht haben. Sie erließen in Meinem Namen Gesetze, die nicht mit den Gesetzen des Alls übereinstimmen. Sie leben ein Leben in äußerer Würde und Tand und würdigen D e n nicht, der ihre geistigen Körper geschaut und geschaffen hat. Leichnam zu Leichnam – beide fallen in die Grube.

Was wollt ihr also mit d e m Christus tun? Wollt ihr einen Christus anbeten, einen Christus, der nicht Ich Bin – oder wollt ihr zum

Inneren Licht finden? Dann laßt los von Raffgier, Neid, Feindschaft und Lieblosigkeit! Bewegt eure Herzen im Inneren Licht, und werdet bewußt Brüder und Schwestern in Meinem Geiste! Diese Welt ist nicht mehr zu retten – doch aus den Tiefen der Erde strahlt der geistige Planet, ein Teilplanet, hervor. Mehr und mehr wird dieses materialistische System hinweggeschoben, die Naturgewalten und vieles mehr werden dazu beitragen. Die Erde schüttelt sich und schüttelt ab, was nicht im kosmischen Leben steht, was nicht Gesetz, Liebe, Wahrheit ist.

Und wenn ihr hört, daß sich im Kosmos vieles tut, so denkt an Meine Worte: Der kosmische Organismus ist in erhöhter Aktion. Dadurch geht auch das Rad der Wiedergeburt rascher. Und wenn sich die Seele nur für einige Tage, Wochen, Monate und Jahre einzuverleiben vermag, dann kann sie in einem Augenblick vieles ablegen, so sie es möchte. Und so ist den Seelen und den Menschen die Möglichkeit gegeben, das Menschliche, das Sündhafte, in Kürze abzulegen, auf daß es der Seele in den Stätten der Reinigung besser geht.

Erkennet die Gnade des Allmächtigen – doch erkennet auch die Zeichen der Zeit. Wohl dem, der sich nicht an den Leichnam Welt bindet, auf daß er nicht vergiftet wird, denn die Gerüche des Leichnams sind sehr unangenehm und können so manchen verführen, so er nicht wachsam ist.

Daher wachet und betet, auf daß ihr nicht in Versuchung fallet! In so manchem von euch ist die Seele stark, doch das Fleisch hinkt immer noch hinterher, es ist noch schwach – und der, der wider Mich ist, zeigt dem Fleisch die Fleischeslüste.

Erkennet, und erfasset in euren Herzen die mächtige Zeit! Das Dunkle wird weichen – das Licht kommt auf diese Erde. Bevor jedoch die Erde von Licht und Kraft umstrahlt ist, wird so mancher Mensch noch viel zu erdulden und zu erleiden haben. Und so ihr euch aufmacht, zum ewigen Gesetz zu werden, werdet ihr an Weisheit und Kraft zunehmen, und ihr werdet selbst um das Innere Leben wissen. Denn wer zur Wahrheit gefunden hat, der weiß um alle Dinge. Er kennt die kosmischen Abläufe, er weiß um die Kommunikationen und tritt so in den kosmischen Zyklus Inneren Lebens ein und ist in Mir bewußt geborgen. Nur der macht sich um morgen Sorgen, nur der hat Angst vor der Zukunft, der nicht in Mir lebt. Wer wahrlich christlich ist, der weiß sich in Mir geborgen.

Und so gehet hin, und nehmt Meine Frage an euch mit: Seid ihr wahrhaftig christlich? Wenn ja, dann lebt ihr auch bewußt in Mir. Und so ihr Zweifel an eurem christlichen Leben habt: Prüfet eure Empfindungen, Gedanken, Worte und Werke, und ihr werdet ganz allmählich erfahren, was ihr an Menschlichem in den Kosmos und auch in eure Seele eingegeben habt. Und so ihr euch ernsthaft bemüht, euer Menschliches abzulegen durch Vergebung, durch Bitte um Vergebung, durch Wiedergutmachung, und so ihr nicht mehr sündigt, Gleiches und Ähnliches nicht mehr *tut, werdet ihr das Heil erlangen, und ihr werdet in Mir geborgen sein.*

Wenn die Stürme über die Erde brausen und ihr verängstigt seid, stellt euch die Frage: Was ist nicht bereinigt? Lebt ihr immer noch vom Leichnam – oder lebt ihr in Mir, dem Christus? Durch die Bewegungen des Kosmos werdet ihr sehr rasch zu eurem menschlichen Ich geführt werden, und wer es ablegt, der erlangt Frieden, Freude, Glück, selbstlose Liebe und Gesundheit, denn dann atmet die Seele das Licht des Alls, und jede Zelle ist erfüllt von Kraft, Liebe und Weisheit.

So gehet hin, und überprüft euer Leben, euer Denken und Handeln – und entscheidet frei. Denkt daran: Gott ist das ewige All, und das All ist feinstoffliches Leben. Alles wird wieder zum reinen Sein, zum feinstofflichen Leben, erhoben werden, denn der Fall geht im Zyklus der Äonen zu Ende. Wollt ihr leiden oder in inneren Freuden leben? Wollt ihr äußere Liebe genießen oder in der selbstlosen Liebe leben? Wie ihr entscheidet, das über-

lasse Ich euch. Gehet hin, und überprüft euer Leben. Seid ihr wahre Christen in Meiner Nachfolge? Gehet hin, und überdenkt euer Leben und Denken.

Ich Bin d e r Christus, nicht e i n Christus – Ich Bin das Leben in jedem von euch. Ihr braucht nicht da- und dorthin zu gehen, um mit Mir in Kommunikation zu treten. Gehet in euer Inneres! In eurem Inneren brennt das Licht der Erlösung – das Bin Ich! Gehet hin, und werdet zum kosmischen Frieden, und ihr werdet wahre Liebende sein.
Mein Segen und Meine Kraft fließen euch im Frieden zu.

Friede!

Willst du Mein Jünger, Meine Jüngerin sein?

Offenbarung von Christus, 1998

Mit dem Gruß der Himmel trete Ich leiblich* in die Mitte.
Friede sei mit euch.

Fühlet in eure Herzen; fühlet den Christus in euch, der sich leiblich unter euch befindet, auf daß ihr erkennt, wie nahe Ich euch Bin. Erkennt ihr Mich in euren Herzen? Dann habt ihr Mich gefunden und habt zu euch selbst gefunden, zu eurem wahren Sein. Erkennt ihr Mich nicht in euren Herzen, dann habt ihr noch nicht zu eurem wahren Sein gefunden und fühlt euch noch als Fremdlinge

---

* *Diese Offenbarung wurde nicht nur aus dem Strom des allgegenwärtigen Christus-Gottes-Geistes gegeben, sondern Christus war als Geistwesen, im Seinem Geistleib also, zugegen.*

des ewigen Seins, doch als Eingeborene in diese Welt.

Mein Reich ist nicht von dieser Welt. Mein Reich ist ein Reich des Geistes und ein Reich des Friedens. Wohl dem, der Mich erkennt. Er hat den Sieg über das Fleisch erlangt.

O sehet, vor zweitausend Jahren trat Ich nach Meiner Auferstehung unter die Apostel und einige Jünger mit dem Gruß: Friede sei mit euch. Die Apostel erschraken, ängstigten sich und konnten es nicht glauben. Sie meinten, ein sogenannter Geist wäre unter ihnen. Zweitausend Jahre vergingen. Wo steht die sogenannte Christenheit? Haben die Christen Mich aufgenommen? Wenn ja, dann Bin Ich in ihnen auferstanden, dann erkennen sie Mich, und ihre Freude ist groß, da sie fühlen, daß sie eins mit Mir geworden sind.

Wer Mich gefunden hat, der erkennt Mich im Nächsten, denn Ich, der Christus Gottes, begegne euch in vielerlei Gestalten. „Friede sei mit euch!" leuchtet es aus den Augen eurer Mitmenschen. Fühlt ihr den Friedens-

gruß in euren Herzen, dann, wenn ihr euren Nächsten begegnet? Oder blickt ihr nur auf die Fehler eurer Mitmenschen? Dann habt ihr Mich noch nicht erkannt.

O sehet: Der Ewige opferte und opfert immer wieder göttliche Wesen. Sie stiegen hernieder und nahmen Fleisch an. Es waren und sind die Propheten und erleuchtete Männer und Frauen. Der Ewige opferte auch den Mitregenten der Himmel. Ich ging zur Erde und wurde Mensch. Ich brachte der Menschheit die Frohbotschaft des Inneren Lebens und lehrte ihnen den Weg ins Vaterhaus. Ich brachte den Menschen den Gott der Liebe und der Barmherzigkeit und zeigte ihnen den Weg über die Gebote in das Leben.

O sehet: Es ist ein einfacher und schlichter Weg; es ist der Weg der Barmherzigkeit. Wie verhielten und verhalten sich die Menschen gegenüber den Propheten, den erleuchteten Männern und Frauen? Wie verhielten sich die Menschen Mir gegenüber, dem Jesus von Nazareth? Einmal „Hosianna!", dann „Kreuzigt Ihn!"

So mancher glaubt, Gott, Mein ewiger Vater, der auch euer Vater ist, hätte Mich über Menschen für Menschen geopfert. Gott ist kein Rache-Gott, Gott ist kein Gott des Todes, sondern Gott ist das Leben. Er opferte und opfert göttliche Wesen, die in das Fleisch gehen, in das Erdenkleid, um die Frohbotschaft des Lebens zu künden und zu verkünden. Doch hingeschlachtet haben Mich die Menschen, die Sünder, die das Brot des Lebens nicht annehmen wollten. So hing Ich am Balken des Todes, gefoltert und hingeschlachtet von Sündern, die sich ängstigten vor der Frohbotschaft, denn sie verkündeten eine andere Botschaft, die bindend war und bindend ist.

Viele Propheten wurden hingeschlachtet, malträtiert, gequält, verhöhnt und verspottet. Warum? Weil das Volk, die Menschen, Sünder blieben und sich im Sündenpfuhl wohlfühlten. Nicht Gott, die große Liebe und Barmherzigkeit, opferte Seine Kinder durch Menschen. Er sandte sie zu den Menschen, um den Menschen die Botschaft der Liebe und der Barmherzigkeit zu bringen. Das war und ist das Opfer aus dem göttlichen Sein, von Gott.

Gott Selbst, die mächtige Schöpferkraft, opferte und opfert Sich täglich in den Naturreichen. Doch wie hielt und hält es der Mensch? Nach zweitausend Jahren hängen die Tiere immer noch am Schlachtbalken, ähnlich wie Ich als Jesus von Nazareth. Nach zweitausend Jahren werden den Tieren die Leiber aufgerissen, zerhackt und zubereitet für den Gaumen der sogenannten Christen. Wisset ihr nicht, daß ihr ohne euer göttliches Erbe, zu dem auch die Naturreiche gehören, nicht leben könnt? Wisset ihr nicht, daß Mensch und Natur eine Einheit bilden sollen? So, wie im Himmel die Geistwesen mit der Unendlichkeit, mit der reinen Natur, eine Einheit bilden, so sollte der Mensch zur Einheit werden und die Einheit bilden.

Doch was vollzieht sich nach zweitausend Jahren? Menschen werden weiterhin gequält. Menschen werden weiterhin diskriminiert, die von Gott Gesandten lächerlich gemacht und die Tiere am Schlachtbalken aufgehängt.

O sehet: Was ihr den Geringsten Meiner Brüder antut, das tut ihr Mir an. Und was ihr den Naturreichen antut, das tut ihr dem mächtigen Schöpfergeist an. Was ihr also den Menschen und den Naturreichen antut, das tut ihr wieder euch selbst an, denn alles in allem ist es euer göttliches Erbe; es ist die Essenz des Lebens, und Leben ist Einheit.

O sehet: Ihr blickt euren Mitmenschen in die Augen. Was denkt ihr? Wie redet ihr über euren Nächsten? Wisset ihr nicht, daß ihr durch euer Gegensätzliches euch immer mehr verstrickt und eure Schicksale schafft? Ist es noch nicht genug, was die Menschheit zu tragen hatte und zu tragen hat? Woher kommen die Krankheiten, die Nöte, die Sorgen, die Armut und vieles mehr? Vom Himmel oder von euch? Ihr selbst schafft sie, weil ihr euer göttliches Erbe nicht erschließen wollt und somit euch selbst nicht erkennt. Wie wollt ihr Mich erkennen?

Die Not ist groß auf dieser Erde, in dieser Welt. Doch die Not ist der einzelne und in der Kausalverstrickung alle Menschen gemeinsam. Es ist ein großes Netz, das sich über die Erde zieht, und jeder von euch hat viele dieser Knoten geschaffen oder ist an sogenannte Knoten gebunden. Und dieses Netz ist wiederum in den Stätten der Reinigung und im materiellen Kosmos.

O sehet, und fühlet in euren Herzen: All eure Gegensätzlichkeiten sind letztlich gegen euch gerichtet. Tiere werden gequält, Menschen mißachtet, Tiere am Schlachtbalken aufgehängt, zerstückelt, Tiere mutwillig zertreten. Und so ihr in eure Pflanzenwelt blickt – welche Pflanze ist noch ursprünglich? Alles hat der Mensch verändert, gekreuzt; ist eingedrungen in die Natur, hat sie verändert, gequält, bis zu dieser Stunde. Wisset ihr nicht, daß dies alles im sogenannten Kausalnetz schwingt, an das ihr angeschlossen seid gemäß eurem Fühlen, Denken, Sprechen und Wollen?

O sehet: Dieser mächtige Schöpfergeist opfert Sich; die Bäume, die Sträucher geben Frucht. Doch seid ihr damit zufrieden? Die wenigsten begnügen sich mit dem, was der große Garten ihnen schenkt; sie wollen immer mehr, immer mehr – warum? Weil sich die Menschheit vom Christus Gottes, der Ich Bin, immer mehr abgekehrt hat, sich also verschattete und verschattet und somit der Mensch arm an Licht und Kraft ist. So greift er zu, sucht nach immer mehr, und so muß das Fleisch und das Fleischliche sein, die Nahrung und der Körper.

O sehet: Ich begegne euch in vielerlei Gestalten. Ich begegne euch in euren Mitmenschen. Ich grüße euch, auch wenn der Mensch anders spricht – in jedem Menschen ist der Friedensgruß „Friede sei mit euch!" Ein zarter Hauch dringt durch den Menschen. Wird er von euch, von euren Herzen, aufgenommen, in dem Bewußtsein: Mir begegnet wohl ein Mensch, doch im Menschen begegnet mir Christus? Erst wenn ihr erfaßt, daß Ich euch in euren Mitmenschen begegne, erst wenn ihr erfaßt, daß der große, mächtige Schöpfergeist euch in jedem Tierlein, in jeder

Pflanze, in jedem Stein begegnet, dann werdet ihr Mich erkennen, da ihr Schritt für Schritt den Willen des Ewigen tut, der auch Mein Wille ist.

O sehet: Bei jedem Gespräch gegen eure Mitmenschen wendet ihr euch von Mir ab. Bei allem, was ihr tut, auch das zwanghafte Tun, daß der Nächste das tun soll und tun muß, was ihr wollt, wendet ihr euch von Mir ab. Doch viele beten und beten; viele von euch haben heute gebetet. Ich frage euch: Konnte Gott, euer und Mein Vater, eure Gebete aufnehmen? Tut ihr das, worum ihr betet? Wie oft bittet ihr für euch um Barmherzigkeit? Ihr sucht nach Erbarmen und ruft den gütigen Gott um Erbarmen und Barmherzigkeit an. Seid ihr mit euren Mitmenschen barmherzig? Seid ihr mit der Natur barmherzig, mit jeglicher Kreatur? Seid ihr barmherzig?

O sehet: Würdet ihr ein Fünkchen der Liebe Gottes entfaltet haben, so groß wie ein Senfkorn, dann würdet ihr spüren, was Barm-

herzigkeit bedeutet: Erbarmen, Mitgefühl zu haben mit euren Mitmenschen, Mitgefühl mit den Tieren, die ebenfalls fühlen und empfinden, ein Mitgefühl mit allen Pflanzen, mit der Mineralwelt. Dann würdet ihr sorgsam umgehen mit den großen Schöpfergaben, mit den Opfergaben der Natur, denn Gott opfert Sich tagtäglich Seinen Menschenkindern.

O sehet: Immer wieder vernehmt ihr das große Mysterium des Lebens, das Wort, das Ich Bin, durch Prophetenmund. Wie viele Worte habt ihr schon gehört? Wisset ihr nicht, daß Ich in jedes Wort durch Prophetenmund euer ganzes Erbe lege, die Essenz der Unendlichkeit? Wieviel davon habt ihr erfaßt? Wieviel davon habt ihr umgesetzt?

O sehet: Würdet ihr den Sinn der Worte durch Prophetenmund erspüren, dann wäret ihr wie verwandelt, dann würdet ihr Mich erkennen, weil ihr euch selbst erkannt habt als bewußte Söhne und Töchter Gottes. Doch wie oft werde Ich von euch gekreuzigt, immer wieder gekreuzigt? Trotz besseren Wissens sün-

digt ihr und glaubt, ihr wärt zu schwach, euer Leben, das wahre Sein, anzunehmen. Wer möchte, der kann es; wer nicht möchte, der spricht von Schwäche. Doch wer liebt – nur so viel wie ein Sandkorn oder Senfkorn –, der fühlt, was Ich meine mit der Liebe und Barmherzigkeit, denn er fühlt Mich in seinem Herzen und spürt Meine leibliche Gegenwart.

Wahrlich, dich suche Ich; dich suche Ich; dich suche Ich! Willst du Mein Jünger sein? Willst du Meine Jüngerin sein? Dann folge Mir nach! Tue, was Ich dir als Jesus von Nazareth lehrte und als Christus lehre. Folge Mir nach, und du erlebst den Auferstandenen in dir, weil du den Tod überwunden hast und dich im Leben findest, das dein göttliches Erbe ist.

Hunderte, Tausende von Jahren wandern so manche. Sie sprechen von der Wahrheit – und kennen sie nicht. Sie reden schöne Worte – und bleiben Ungeistige. Wahrlich, und so mancher von euch schloß mit dem Ewigen den Bund im sogenannten Alten Testament, brach ihn und schloß ihn im Neuen Bund wieder mit Gott, und so mancher brach ihn wieder. Zwei Bundesbrüche, Wanderschaften über Wanderschaften, bis ihr den Nächsten gefunden habt, den ihr auf der Straße zum Leben habt liegenlassen, weil ihr mit euch selbst beschäftigt wart und bestimmten Menschen den Vorzug gabet. Wisset ihr nicht, daß ihr dann, wenn ihr einen Menschen bevorzugt, Mich hintanstellt, vernachlässigt?

Ihr sagt, das ist schwer zu erreichen, den Frieden und die Einheit mit allen Menschen. Beginne du, o Mensch, bei dir selbst. Was du bevorzugst, ist immer dein Nachteil. Und so ihr frei werdet von eurem Werten, werdet ihr standhaft und gefestigt sein in Mir und d e r Jünger und d i e Jüngerin sein, die Mir wahrhaft nachfolgen. Dann seid ihr gütig, liebevoll und sanftmütig, weil ihr Verständnis erlangt habt und aus dem Verständnis das Verstehen. Wer den Nächsten schaut, der schaut Mich. Wer die Naturreiche schaut, der spürt den mächtigen Schöpfergeist und fühlt ganz allmählich, was Einheit bedeutet.

O sehet: Alle eure kirchlich-institutionellen Formeln – einerlei, wie ihr sie auch bezeichnet – nützen euch nichts. Immer wieder taten sich Priester auf und machten der Menschheit weis, sie zu Gott führen zu können. Wo stehen eure heutigen Priester, eure heutigen Pfarrer, eure sogenannten kirchlichen Obrigkeiten? Vor ihrem eigenen Wort – und das ist ein Todeswort, denn es hat keinen geistigen Inhalt, nur Form und über die Form hinaus Bindung. Was brachten euch eure kirchlichen Obrigkeiten? Jedes Jahr dieselben Rituale, jedes Jahr dieselben Formeln und nicht zuletzt dieselben Gebete. Wer ihnen traut, der wird einst über sich selbst trauern, denn er hat sich Menschen anvertraut, anstatt auf den Geist gebaut, der in ihm wohnt.

Wahrlich, wahrlich, Ich sage euch: Die Stunde ist schon längst gekommen, in der ihr hättet erkennen müssen, wer in euch wohnt. Mein Jünger, Meine Jüngerin, ja, du bist der Tempel des Einen Geistes. Diesen heilige, indem du tust, was Gottes Wille ist; dann er-

kennst du Mich; dann bist du barmherzig, weil du liebevoll bist; dann bist du gütig, weil du verstehen gelernt hast.

Du, Mein Bruder, du, Meine Schwester, Ich rufe dich: Willst du Mir nachfolgen? Willst du Mein Jünger und Meine Jüngerin sein? Denn Ich Bin gekommen – leiblich in eurer Mitte. Mit dir, mit dir will Ich das Reich des Friedens errichten. Doch eines sei dir gesagt: Binde dich an keinen Menschen. Schließe Frieden mit deinen Mitmenschen, und halte Frieden. Und finde dich immer wieder in der Mitte ein, die Ich Bin, und du wirst mit deinen Brüdern und Schwestern das Innere Reich errichten. Denn es tut not. Die Welt brennt. Aus dem Feuer steigt der Geist. Bist du dabei? Ich rufe dich!

Wahrlich, wahrlich, Meine Jünger und Meine Jüngerinnen halten Frieden untereinander. Sie sind auch friedvoll gegenüber allen und allem. Doch sie lehnen sich nicht an die fleischlichen Wünsche der Nächsten an. Sie sind in der Mitte, und die Bin Ich.

O sehet: Ich möchte in euch auferstehen, auf daß ihr Mich erkennt und mit Meiner Kraft das noch bestehende Sündhafte überwindet, auf daß ihr Geist aus Meinem Geiste werdet, Fackeln der Liebe und Barmherzigkeit. Und so mancher wird sagen: „Wer kann Gott kennen? Wer kann schon Christus kennen? Wir sind Menschen!" Ich mache den Unterschied zwischen Kennen und Erkennen. Und so du dies auch tust, kannst du Mich in vielen Aspekten des Lebens erkennen, und so Erkennen zu Erkennen findet, wirst du Mich finden, weil du dich als Sohn und Tochter Gottes gefunden hast und wirst nach diesem Erdendasein vor Mir stehen und wirst Mich kennen, weil Ich dein Bruder Bin. Wirst du Gott, den Ewigen, kennen? Den Vater, die leibliche Form wirst du kennen. Es gibt kein Wort, um auszudrücken, was es bedeutet, wenn du deinen Vater schaust und Ihn kennst. Doch die Urkraft, die ewig pulsierende Schöpferkraft, die ewige Evolutionskraft, wirst du nie kennen. Das ist der strömende, ewig schöpfende, gebende Geist, der die Unendlich-

keit beatmet und immer mehr Formen und himmlische Welten schafft, in denen die Wesen der Liebe leben und ihr ewiges Zuhause haben.

Komm – komm, und folge Mir nach! Sei mit deinem Nächsten, sei für deinen Nächsten, doch binde dich nicht an ihn. Verlange von ihm nichts, was du selbst tun kannst. Dann entwickelst du die Stärke im Geiste, und die Bin Ich in dir.

Die mächtige Schöpferkraft schenkt sich unermüdlich. Sie opfert sich. Ihr werdet das Mahl einnehmen – es ist ein Opfer der Schöpferkraft aus Liebe zu euch. Deshalb sollt ihr jedes Mahl bewußt einnehmen, in dem Bewußtsein: Die mächtige Schöpferkraft hat Sich euch geschenkt. Sie schenkt Sich unermüdlich. Nehmt die Gaben bewußt an, und ihr werdet Mich erkennen, weil ihr euch selbst gefunden habt als das Selbst, das Ich Bin.

O wisset, und spüret in euren Herzen: Leiblich bleibe Ich unter euch, der segnende Christus, der Jünger und Jüngerinnen ruft, die Ihm bewußt nachfolgen, da Er mit ihnen das Innere Reich, das Reich des Friedens, errichten möchte. Klein und unscheinbar wird es sein – groß wird es werden, wenn ihr in Meinem Geiste wachset.

So bleibet in Mir, und wisset: Ich bleibe unter euch. Mein Geist ist ewig in euch. Und so ihr wieder Geist aus Meinem Geiste seid, seid ihr auch wieder Geist aus dem Ur-Geist und eins mit dem Vater und mit Mir.
Segnend breite Ich Meine Hände, Meine Arme über euch aus und bleibe leiblich unter euch, Frieden spendend, Liebe gebend und Barmherzigkeit schenkend.

Friede.

Spürt MICH gegenwärtig in euch

Offenbarung GOTT-Vaters, 1990

So spricht euer Herr und Gott, euer ewiger Vater.

Meine Kinder, in Meinem Geiste und im Geiste Meines Sohnes habt ihr euch versammelt und eure Herzen aufgeschlossen im Gebet für den einen Geist der Liebe, der Ich Bin – der Ich im Sohn Bin, der Ich in euch Bin.

Kinder Meines Herzens, gedenket der mächtigen Zeit. Spüret, daß Ich, euer Vater, durch Christus, euren Bruder und Erlöser, immer näher komme. Spüret, daß ihr nicht alleine seid.

So manchen von euch fällt es noch schwer umzudenken, ja umzukehren und dem Menschlichen zu entsagen. Kinder, sehet: Ihr müßt

Mich noch mehr erspüren, auf daß es euch leichter fällt, dem Menschlichen zu entsagen und euch auf euer wahres Sein, auf das Innere Leben, das ihr komprimiert seid, auszurichten.

Es steht geschrieben: Ihr sollt euch von Mir kein Bildnis machen, denn Ich Bin die unpersönliche Kraft, das Licht, die Liebe, der Strom, das Heil, das ewige Gesetz. Sehet, die Urkraft ist die allgegenwärtige Kraft, die alles durchströmt. Ob ihr die Urkraft ewiges Gesetz, ewige Liebe, ewigen Frieden nennt oder All-Kraft oder Sein – es ist das unpersönliche Leben, das strömt. Es ist Mein Odem, der allgegenwärtig ist.

Da Ich euch aus der All-Kraft, dem ewigen Gesetz, dem unpersönlichen Leben, die Form gegeben habe, habe Ich auch Mir die Form gegeben. Und somit Bin Ich euer Vater – wie ihr: formgewordenes All. So, wie ihr im ewigen Sein durch die Himmelsebenen in alle Bereiche geht, so gehe auch Ich durch die Himmelsebenen in alle Bereiche, als formge-

wordenes All – der Vater im All-Strom, im Gesetz, in Meinem Odem. So, wie Ich Mich durch das All bewege, so bewegt ihr euch auch durch das All, wenn ihr wieder reine Wesen seid.

So sehe Ich euch. Und so sehe Ich euch auch in der Bewegung. Kinder, erkennet, daß ihr absolute, selbständige Wesen seid. Das ist die Freiheit. Ihr seid absolut selbständig, weil Ich euch als Essenz und Kraft alles gegeben habe, was auch Ich als formgewordenes All, als Vater, in Mir trage.

Ich, euer Vater, Bin als das Wesen formgewordenes All. Ihr, Meine Kinder, seid als Wesen formgewordenes All. Alle Kräfte der Unendlichkeit sind in euch – und seid ihr selbst als das formgewordene All, so wie auch Ich als euer Vater.

Ihr seid absolut frei, weil ihr selbständig seid, da ihr alles, was auch Ich besitze, besitzt. Ich habe nichts zurückbehalten, nichts für Mich behalten. Was Ich besitze als formgewordenes All, besitzt auch ihr, formgewor-

denes All. Der Strom, die ewige Kraft, das Gesetz, ist das all-erhaltende Leben, ist die Urkraft, die Ich als das unpersönliche Sein Bin.

Doch auch Ich, euer Vater, bewege Mich, wie ihr selbst euch bewegt, als selbständiges Wesen im Urstrom, im ewigen Gesetz, das alle Gestirne zusammenhält, das die Wege des Alls bildet – damit ihr euch bewegen könnt, damit ihr frei sein könnt, damit ihr selbstlos und selbständig leben könnt. Doch alles, was strömt, ist in euch komprimiertes Sein – das sind unsere All-Körper.

Kinder, erspürt endlich, was Ich euch damit sagen möchte: daß Ich nicht fern von euch Bin als der mächtige, zürnende Rachegott, der euch in die Verdammnis schickt, der euch züchtigt und bestraft. Kinder, o nein! O nein! Jetzt, in diesen irdischen Augenblicken sage Ich: Kinder, o nein!

Ich liebe euch. Und diese Liebe wird im Sohn offenbar – in euch und durch euch.

Sehet: Wie Ich empfinde, so empfindet auch ihr als reine Wesen. Wir empfinden das, was ist: Freiheit, Gleichheit, Einheit, Gerechtigkeit und ihr unter euch die Brüderlichkeit und Ich mitten unter euch als euer Vater, ewiglich.

Da ihr selbständige Wesen seid, habt ihr sowohl im Himmel als auch auf Erden die Freiheit, das zu tun, wonach es euch ist. Die Wesen im Himmel tun das, was das All ist: Freiheit, Gesetzmäßigkeit, selbstlose Liebe und Friede. Sie sind das Gesetz, weil sie das All-Gesetz leben, und deshalb bewegen sie sich auch im All. Es gibt in der ganzen Unendlichkeit keinen Punkt, wo nicht die Meinen sein könnten, weil in jedem Pünktchen Meine Kraft ist, die sie wieder in sich tragen, und deshalb können sie überall sein, weil alles in ihnen ist. Das ist auch in euch.

Die Selbständigkeit ist euch auch als Menschen gegeben. Es ist der freie Wille. Jeden Augenblick könnt ihr euch frei entscheiden. Ihr entscheidet euch in euren Empfindungen,

Gedanken, mit euren Worten und Handlungen.

Sehet: Wenn ihr sagt: „Ich möchte sorglos leben", dann ist das ein Gedanke, ist eine Eingabe in das All-Gesetz. Nun kommt es darauf an, was ihr aus dieser Eingabe in das All-Gesetz macht. Sorglos leben alle eure Brüder und Schwestern im ewigen Sein. Sie kennen keine Sorgen, weil sie im All-Gesetz, in der Fülle, leben und alles in sich bewußt tragen und das nicht nur bewahren, sondern auch erfüllen.

Wenn ihr nun sagt: „Ich möchte sorglos leben", so müßt ihr eurem Nächsten die Freiheit lassen und eurem Nächsten keine Sorgen machen, sei es in Empfindungen, Gedanken, Worten oder Handlungen. In dem Augenblick, wo ihr eurem Nächsten Sorgen bereitet, polt ihr den ersten Gedanken um: „Ich möchte sorglos leben." Ihr polt ihn um, zieht ihn ins Negative, weil ihr eurem Nächsten Sorgen bereitet. Gleichzeitig könnt ihr sicher sein, daß das, was ihr eurem Nächsten zudenkt oder zusprecht, euch Sorgen bereitet.

Sehet, Kinder: Das ist der freie Wille. Doch wenn ihr in das All-Gesetz eingebt: „Ich möchte sorglos leben", so müßt ihr gleichzeitig die entsprechenden Empfindungen, Gedanken, Worte und Handlungen pflegen – dann werdet ihr auch sorglos leben, weil Ich dann, euer Vater, für euch sorge.

Ihr werdet dann auch für euren Nächsten Sorge tragen, indem ihr für ihn seid, mit ihm seid in Empfindungen, Gedanken, Worten und Handlungen. So ergibt sich die Gemeinschaft der Kinder Gottes. Und so reift ihr in das Gesetz der Liebe hinein, das euer Erbe ist.

Kinder, erkennt, daß ihr selbstlose Wesen seid – und gleichzeitig selbständig. Was ihr in das mächtige, ewige All als Wesen des Lichts eingebt, mit dem nehmt ihr Kommunikation auf. Das kommt wieder auf euch zurück – wieder Kraft, Licht, Schönheit, Reinheit, Vollkommenheit, das Gesetz des Friedens. Das gleiche gilt im umgekehrten Prinzip: Was ihr denkt, kommt wieder auf euch zurück.

Und sagt ihr: „Ich möchte Frieden in meiner Seele, Frieden in meiner Umgebung. Ich möchte Harmonie und Liebe", dann gebt ihr dies in das All-Gesetz ein. Lebt ihr in Empfindungen, Gedanken, Worten und Handlungen dementsprechend – gegenüber euren Mitmenschen, gegenüber der Tier-, Pflanzen- und Mineralwelt –, dann habt ihr sofort Kommunikation mit dem ewigen All-Gesetz, das euer wahres Wesen ist, das ihr selbst seid: komprimierte Kraft des Alls.

Kinder! Ist es so schwer, umzudenken – wenn ihr das Bewußtsein habt: Ihr seid selbstlose Wesen. Ihr seid formgewordenes All. Ihr seid selbständige Wesen. Ihr könnt euch als selbstlose, selbständige Wesen überall bewegen, und ihr seid geschützt von der Kraft, Liebe und Weisheit – von Mir, durch Christus.

Kinder! Es steht geschrieben: Ihr sollt euch von Mir kein Bildnis machen. Doch Ich gebe euch nun ein Bild, auf daß ihr euch in diesem Bild erkennen und bewegen könnt:

Sehet die Erde nicht nur als eine dunkle Stätte, dort die Sünde herrscht. Sehet ein Bild, in dem alles licht ist. Verwandelt durch dieses Bild die Erde und eure Umgebung – und nicht zuletzt euch selbst in Licht und Kraft um. Wo ihr auch hingeht – zeichnet das Bild: Ihr gehet auf den Straßen des Lichtes.

Wenn ihr Menschen begegnet, gleich, welcher Gesinnung und Anschauung sie sind: Bringt in das Bild, daß sie von Mir unendlich geliebt werden, daß sie tief in ihren Seelen strahlende Wesen sind – eure Geschwister, die ihr im Äußeren nicht kennt, doch die im Inneren in euch leben. Ihr kennt sie, weil ihr euch kennt. So seht ihr plötzlich strahlende Wesen.

Einerlei, was ihr tut – sagt: „In meinen Händen ist die Kraft des Herrn. Was ich angreife, ist Leben, ist die Kraft des Herrn. Was ich tue, tue ich mit der Kraft des Herrn." Und dann seht alles, was ihr tut, als strahlendes Licht.

Wenn ihr da- und dorthin geht, euch Tiere, Pflanzen und Steine begegnet, sagt: „In jedem ist die Kraft des Herrn." Sehet die Tier-, Pflanzen- und Mineralwelt als Licht und Kraft. Sehet, wie aus ihnen Freude, Friede und Harmonie strahlen.

Wenn ihr in eure irdischen Familien geht oder euch in euren irdischen Familien und Verwandtschaften bewegt, sagt: „Sie sind alle Meine Geschwister." Euer irdischer Bruder, eure irdische Schwester sind von Mir geliebt und sind Brüder und Schwestern im Lichte der Liebe.

Wenn du sagst: „Das ist mein Mann. Das ist meine Frau. Das sind meine Kinder" – betrachte sie als Geschwister und als ein Teil von dir. Sollte die Hülle – zum Beispiel die Hülle deines irdischen Bruders, die Hülle deiner irdischen Schwester – von dir gehen, trage sie trotz alledem in deinem Herzen. Einerlei, wie sich die Hülle benimmt, trage das Innerste in deinem Herzen – und du kannst sicher sein, du wirst weder Not noch Sorgen zu erdulden haben. Ich, dein Vater, sorge für dich! Voraussetzung ist: Streite dich nicht mit deinem Nächsten. Klammere dich nicht an ihn an, indem du ihn mit allen möglichen Argumenten an dich bindest. Vertraue, Kind! Ich Bin da!

So verwandelt ihr alle die Erde in Licht und Kraft, weil ihr das Bild der Erde habt. Wo ihr hingeht – ihr seht im Bild Reinheit und Schönheit, auch dann, wenn das Äußere andere Kräfte aufweist. Und nun, wie seht ihr euch selbst in diesem Bild? Wie bewegt ihr euch selbst in diesem Bild?

Ihr sollt euch von Mir kein Bildnis machen. Doch macht euch folgendes Bild: Ich, die All-Kraft, bewege Mich in euch. Durch euch strahle Ich als Licht und Kraft. Und so seht euren Körper als Licht-und-Kraft-Körper, der durchdrungen ist von Schönheit, Reinheit, Edlem und Feinem.

Wie bewegt ihr euch dann in diesem Bild? Wie empfindet und denkt ihr dann in diesem verwandelten Bild? Mehr und mehr göttlich! So spürt ihr Mich, euren Vater, gegenwärtig in euch, durch euch. Und ihr werdet euch von Mir kein Bildnis machen. Und habt ihr dann die Gabe erlangt, euch wahrlich als das strahlende Wesen zu erspüren, mit reinen, edlen Empfindungen, Gedanken, Worten und Handlungen, mit feinen Zügen im Antlitz, in den Bewegungen und dergleichen – dann werdet ihr auch nicht mehr vom Alter sprechen, sondern von der inneren Jugend.

Und so, wie ihr euch dann schaut, erkennt ihr euch als die Ebenbilder, und ihr spürt: Ähnlich, wie ihr strahlt, strahle Ich, euer Vater.

Sehet, was Ich besitze als der Vater, besitzt auch ihr als selbstlose, selbständige Wesen – so, wie auch Ich selbstlos und selbständig Bin, euer Vater.

Ich Bin euer Vater, weil Ich euch alles geschenkt habe. Ihr seid formgewordenes All. Was strömt, ist die Urkraft, das Leben, in dem ihr euch bewegt. Das ist der allgegenwärtige Strom, der vom Urgesetz ausgeht und ewig sein wird. So war und ist das Urgesetz –

ewiglich. Es sind die Kräfte des Alls, die ewig sind. Daraus gab Ich Mir die Form. Daraus gab Ich euch die Form.

Kinder – was wollt ihr mehr?

Wißt ihr nun, ihr törichten Menschenkinder, was ihr zu tun habt? Legt ab das Törichtsein – und spürt, was ihr seid.

Und kommt mit der Kraft des Sohnes, mit der Erlöserkraft, Mir, eurem Vater, näher – und ihr spürt, was es bedeutet, Kinder des Ewigen zu sein. Kinder des Ewigen heißt: Wieder Kinder im ewigen All-Strom zu sein. Denn der Ewige, der Ich im All-Strom Bin, ist nun mal die All-Kraft, das allgegenwärtige Sein, das Leben in euch. Wäre die All-Kraft nicht allgegenwärtig, könntet ihr nicht leben. Das i s t der Odem, das i s t das Leben, das auch Mich, die Form, das Wesen, durchdringt.

Kinder! Zeichnet dieses Licht-Bild über eure Empfindungen, Gedanken, Worte und Handlungen. Dann werdet ihr euch verwandeln – und durch euch wird sich ganz allmählich die

Erde umstrukturieren. Sie wird lichter, heller. Sie schwingt höher, weil ihr Licht und Kraft seid und bewußt in Mir lebt, ja in Mir schwingt.

Kinder, Mein Wort fließt durch Mein Instrument, durch eure Schwester. Doch erfaßt die Tiefe im Wort, und ihr spürt Meine Liebe. Und diese Liebe i s t und wird nie vergehen, so, wie ihr seid und nie vergehen werdet, weil ihr Kinder des Alls seid: Meine Kinder.

Nun, Kindlein, leg ab den törichten Menschen. Sei! Sei – dann hörst du das Sein in dir pochen, das Ich Bin, das letzten Endes auch du bist. Und du spürst: Wir sind, von Ewigkeit zu Ewigkeit, vereint, unsterblich, weil das ewige Gesetz und die ewige Heimat unvergänglich sind, da das ewige Prinzip nun mal ewig ist.

Und so s i n d wir. Und so bleiben wir.

Und so werdet ihr wieder sein – ganz bewußt, ewiglich.

Und wir von Ewigkeit zu Ewigkeit.

Gott atmet den Fall zurück.
Das wahre Leben tut sich auf

Offenbarung von Christus, 1993

*F*riede sei mit euch.
Mit dem himmlischen Gruß trete Ich, Christus, in eure Mitte. In dieser von Gott, unserem Vater, geheiligten Stunde spreche Ich zu euch als Bruder.

Meine geliebten Brüder und Schwestern, das Reich Gottes ist das Reich der unendlichen Liebe. Somit ist Mein Reich nicht von dieser Welt. Mein Reich ist ein Reich des Geistes, ein Reich der unendlichen Liebe. Und dieses unendliche Reich der ewigen Liebe wird auf diese Erde kommen. Daher freuet euch, all ihr Getreuen, all ihr Gerechten! Denn die Erde reinigt sich, und das Reich des Friedens, das Reich der unendlichen Liebe, kommt auf diese sich mehr und mehr reinigende Erde.

In dieser von Gott, unserem ewigen Vater, geheiligten Stunde rufe Ich alle Getreuen zum tiefen, heiligen Gebet auf. Ihr werdet fragen: Wer sind die Getreuen? Es sind all jene Männer und Frauen, Brüder und Schwestern, die tagtäglich ihr Sündhaftes bereinigen, nicht mehr tun und so Schritt für Schritt die Gesetze des Reiches Gottes erfüllen. Ja, Ich rufe sie auf zum tiefen, heiligen Gebet.

Kommet, geliebte Brüder und Schwestern. Geht mit Mir, eurem Bruder, in das Reich des Inneren. Ja, Ich führe eure Sinne nach innen, auf daß ihr verspürt, daß Ich euer Bruder Bin und daß das Reich Gottes im Inneren erschlossen werden muß, auf daß es im Äußeren, in dieser Welt, sichtbar werden kann.

Erhebet eure Sinne zum Ewigen, und betet mit Mir, eurem Bruder.

*Ewiger, unendlicher Vater,
heilig, heilig, heilig bist Du,
großer All-Einer.*

Deine unendliche Liebe, Weisheit, Größe und Gerechtigkeit strömt durch die Unendlichkeit und erfaßt alle, die ihr Herz zu Dir erheben.

Ewiger, unendlicher Geliebter, wir danken Dir von ganzem Herzen, mit allen Kräften der Unendlichkeit, indem wir das erfüllen, was unser Eigentum ist: das heilige, ewige Gesetz der unendlichen, selbstlosen Liebe.

Großer, mächtiger Vater, Du bist als Strom der Vater-Mutter-Gott und durchglühst alle Deine Kinder. Wir sind erfüllt und durchglüht von Deinem heiligen Willen, Deinem heiligen Gesetz, das unser Sein, unser Erbe ist, ja, das wir als formgewordene Wesen selbst sind.

Ur-Ewiger, ur-ewiges Sein, die Herrlichkeit der Himmel kommt auf diese Erde durch alle gerechten Männer und Frauen, Brüder und Schwestern. Heiliger, Heiliger, Heiliger, Du gerechter, liebevoller Vater, vor Dir neigt sich die ganze Schöpfung, alle Wesen des Seins und alle gerechten Brüder und Schwestern. Die Himmel jubeln, und

die Wesen jauchzen in der inneren Freude, denn der Engel vor dem Thron der Liebe schwebt durch alle Reiche und durch alle Stätten der Reinigung und ruft immer wieder und immer noch: Es ist getan! Es ist getan!
Herrlicher, es ist nur getan, weil Du die Herrlichkeit in uns bist, die unendliche Liebe, die alle Kinder erfaßt, die alle im Herzen trägt. Gütiger All-Einer, ur-ewiges Sein, wir verneigen uns vor Dir, vor Deiner Größe und Herrlichkeit – Vater, Vater in uns, und wir in Dir als Deine Kinder.

Geliebte Brüder und Schwestern, wahrlich, Ich komme zu euch als Bruder. Im Gebet habt ihr gehört: Es ist getan. In den Worten „Es ist getan" liegt auch: Es ist vorbei. Es ist vorbei mit dem Fall, denn der Ewige atmet den Fall zurück. Es ist vorbei mit der immer wiederkehrenden Inkarnation, um sich neu zu belasten. Es ist vorbei mit den Zeiten, in diesen der Fall gedauert hat.

Ja, Gott, der Ewige, Gott, unser ewiger Vater, atmet den Fall zurück. Das bedeutet für alle Menschen, daß diese materialistische Welt vergeht, daß sich ganz allmählich die Bewährung zurückzieht und diese Erde zur Abtragungsstätte wird. Ja, es vollzieht sich ganz allmählich, denn im ewigen strömenden Sein gibt es nichts Statisches; es ist eine allmähliche Umkehr. Die Bewährung geht zurück, die Abtragung tritt immer mehr in Vordergrund. Das heißt: Wer in der Abtragung steht, der kann auch nicht mehr sündigen.

Wer noch in der Bewährung steht, der kann noch sündigen; doch wer in der Bewährung steht, für den Menschen gilt folgendes: Erkenne und bereinige, b e v o r deine Sünde wirksam wird. In der Bewährung liegt also die unendliche Gnade und die Hilfe, die erkannten Sünden rechtzeitig zu erkennen und zu bereinigen. Und wer sie nicht mehr tut, der erfüllt Schritt für Schritt die ewigen Gesetze der Liebe und reift so in das Göttliche, in das ewige Leben, hinein.

Abtragung heißt: Es gibt keine Bewährung mehr. Die Sünde kommt zur Wirkung und überfällt die Seele – und den Leib, sofern die Seele sich noch im Erdenkleid befindet.

O erkennet: So wird es auf Erden wie in den Stätten der Reinigung. In den Stätten der Reinigung gibt es keine Bewährung, sondern gleich Abtragung, also die Sünde wird wirksam, und die Seele erfährt diese am Seelenkörper. So vollzieht es sich auch auf dieser Erde, und zwar ganz allmählich.

Wer also lange Zeit die Gesetze des Lebens anhört und kaum verwirklicht, von dem zieht die Bewährung, und er geht in die Abtragung. Auf diese Weise reinigt sich auch rascher diese Erde.

O erkennt in dieser Welt die unzähligen Plagen und Krankheiten, die Nöte und Sorgen; die Welt bäumt sich auf, und ihr erlebt immer mehr. Daran erkennt ihr, daß diese Welt in die Abtragung geht und somit alle Menschen, die das Wort des Heils hören und nicht tun. Und all jene, die das Wort hören und auch darüber sprechen, also von den Gesetzen des Lebens reden, und nicht tun, haben die Kindschaft Gottes noch nicht bewußt angenommen. Sie nennen sich die Herren dieser Welt. Sie bezeichnen sich als Obrigkeiten, titulieren sich und nehmen die vordersten Ränge ein.

O sehet: Sie alle müssen zu Kindern Gottes werden, denn im Gesetz der unendlichen Liebe ist die Gleichheit, die Freiheit, die Einheit, die Brüderlichkeit und die Gerechtigkeit. Einheit heißt: Im Geiste des Herrn sind alle Brüder und Schwestern, eines Geistes. Und diese Einheit trägt in sich die Freiheit. Und die Freiheit macht stark, und in der Stärke liegt die Gerechtigkeit. Und wer gerecht ist, der erfüllt mehr und mehr das Gesetz der unendlichen Liebe.

Meine geliebten Brüder und Schwestern, deshalb sei folgendes zu euch gesagt: Rüstet euch, um zu verwirklichen, das heißt, die Bewährung noch zu nützen, denn sie zieht von euch. Doch all jene, die gerufen sind und ihr

Herz öffnen und nun beginnen, die Gesetze der Liebe zu erkennen, anzunehmen und täglich zu verwirklichen – sie leben noch in dieser Möglichkeit der Bewährung. Zieht diese ganz von der Erde, dann ist Abtragung. Und Abtragung bedeutet gleichsam Chaos. Einerlei, wo ihr hinblickt – Chaos.

O sehet: Auch auf diese Art und Weise geht diese materialistische Welt zu Ende, weil der Ewige den Fall zurückatmet. Er atmet ihn von der Erde zurück. In den Stätten der Reinigung vollzieht sich die Abtragung weiter.

Der Engel ruft: Es ist getan! Es ist getan! Es ist getan! Es ist vorbei! Es ist vorbei! Es ist vorbei! Und die Bilder gehen auf. Alle wahren Propheten, alle gerechten Männer und Frauen werden rehabilitiert. Alles muß gesühnt werden, was der Gerechtigkeit, Liebe und Weisheit angetan wurde. Und im Wort „vorbei" zeigt sich im Bild: Die Seile sind ausgelegt – der Satan wird gebunden. Es ist vorbei mit all dem, was er – auch in Meinem Namen – getrieben hat. Es ist vorbei; die

Seile werden immer enger. Ganz allmählich werden sie zugezogen. Und wer in diesen Seilen gefangen ist, das ist der, der das Reich Gottes, die unendliche selbstlose Liebe, nicht auf die Erde kommen lassen möchte.

So erlebt ihr, Meine geliebten Brüder und Schwestern, eine große Zeit, und all jene, die im Herzen bereit sind, das Innere Leben mehr und mehr zu empfangen – ja, sie jubeln und jauchzen in der inneren Freude mit den reinen Wesen und neigen sich vor dem All-Einen im tiefen, heiligen Gebet.

O sehet: Das wahre Leben tut sich auf. Das Leben in Frieden, in der Freiheit und in der Einheit und somit in der Brüderlichkeit. Es gibt dann auch keine Obrigkeiten und keine Untergebenen mehr. Alle Menschen, die die Kindschaft Gottes im Herzen angenommen haben, sind dann Brüder und Schwestern und beten den Einen an, der ihr, der unser Vater ist. Und auf der sich mehr und mehr reinigenden Erde werden dann Menschen leben, die in der Bruderschaft Christi, also mit Mir, vereint sind, und Ich Bin bewußt ihr Freund und ihr Bruder und gleichzeitig der Herrscher des Reiches Gottes auf dieser Erde. Und es wird herrlich sein. Ja, die Herrlichkeit des ewigen Vaters wird unter den gerechten Brüdern und Schwestern sein, und es wird kein Arg mehr geben auf diesem geheiligten Land.

Ja, wahrlich, Ich sage euch: Jetzt bereite Ich dieses Innere Leben vor. Wie? Indem Ich euch rufe, die Gesetze der unendlichen Liebe mehr und mehr zu erfüllen, auf daß Ich d u r c h e u c h zu wirken vermag. Ich komme nicht, um eine Stadt zu erbauen. Ich komme durch alle gerechten Männer und Frauen, Brüder und Schwestern, um das innere Reich zu errichten, das Reich des Friedens, das Reich der unendlichen, ewigen Liebe. Und so bereitet sich die Erde schon von innen her vor. So, wie das ewige Jerusalem auf die Erde strahlt, so strömt der geistige Teilplanet zur Oberfläche der Erde und verbindet sich mit der heiligen Strahlung des ewigen Vaters Ur.

Heilig, heilig, heilig bist Du, o Ewiger, der die Strahlen sendet und durch Mich all jene ruft, die ihr Herz für Dich erschlossen haben und tief im Herzen die Kindschaft leben. Sie sind die Erbauer des Reiches Gottes und die Bewohner des Friedensreiches Jesu Christi.

Und es wird kein Arg mehr geben auf diesem Land. Freuet euch! Die Monde schwinden dahin – ihr sagt: „Die Zeiten schwinden dahin." Und es wird sein. Ja, ganz allmählich tritt das ein, wovon schon die Propheten des Alten Bundes gekündet haben: das Reich Gottes auf dieser sich reinigenden Erde. Es wird Erdflecken geben, auf diesen es noch dunkel ist, denn ihr wißt, der Satan wird gebunden. Nach Monden – ihr würdet sagen: nach Zeiten – darf er sich noch einmal messen an diesem inneren Reich auf dieser Erde. Doch sein Kampf ist von kurzer Dauer, denn die Erde wird immer feiner, immer lichter; das Grobstoffliche, Dichte wird von ihr absprengen, und immer mehr steigt der reine Teilplanet empor, um sich ganz allmählich wieder in den Urstrom einzugliedern.

Monde, Monde – ihr sprecht von Zeiten, Zeiten –, doch was sind Zeiten in der Ewigkeit, in der großen Liebe unseres ewigen Vaters? Denkt nicht an die Zeiten. Denkt an die Ewigkeit – sie ist Liebe. Und diese unendliche, ewige Liebe strahlt euch zu durch Mich, Christus. Und diese unendliche Liebe des Vater-Mutter-Gottes möchte euch immer mehr berühren und herausführen aus dem Chaos dieser Welt, hin zum inneren Reich, denn wenn sich in jedem von euch das innere Reich auftut, so wird es auch auf diese Erde kommen, durch euch – ja, durch euch! Denkt daran: Jetzt seid ihr im Fleische – durch euch; ja ihr könnt Großes tun, wenn Ich durch euch zu wirken vermag.

Lasset euch berühren von der unendlichen, ewigen Liebe, und seid erfaßt vom ewigen Vater, der euch alle liebt. O Bruder, o Schwester, sage nicht, du wärst ein Sünder. Siehe: Gott, dein ewiger Vater, unser aller Vater, schaut dich in Seinem Herzen als das geliebte, reine Kind, das Er geschaut und geschaf-

fen hat. Und diese unendliche Liebe strahlt Er dir zu. Fühle die Strahlung, und du wirst deine Sünden erkennen, bereinigen und nicht mehr tun. Sei dir im Innersten gewiß: Gott liebt dich, auch wenn du noch ein Sünder bist.

Und wer täglich seine Sünden erkennt, bereinigt und nicht mehr tut und Schritt für Schritt die Gesetze des Heils erfüllt, der wird auch nicht darben; denn es ist alles vorbereitet für die Getreuen, die im Liebebewußtsein des Vaters leben. Sie werden weder darben noch hungern. Sie werden alles besitzen, was sie als Menschen benötigen, denn sie sind Kinder der Liebe, und die Kinder der Liebe leben in der göttlichen Fülle.

Wahrlich, wahrlich, Ich sage euch: Es ist alles getan und somit auch vorbereitet für jene, die ihr Herz erschlossen haben und im Bewußtsein der Kindschaft Gottes leben.

Der Fall entstand, weil ein Wesen und dann mehrere Wesen die Kindschaft Gottes nicht an- und aufnehmen wollten. Doch wer sie j e t z t aufgenommen hat, ja wer sie im

Herzen trägt, der ist Bruder, der ist Schwester, der ist Kind und somit Sohn und Tochter der unendlichen Liebe und darf jetzt sagen: „Ich bin im Vater, und der Vater ist in mir. Wir sind eins." So sprach Ich als Jesus von Nazareth: Der Vater und Ich sind eins. Und so sollt auch ihr sprechen, die ihr in der Kindschaft Gottes lebt, ja, sie tagtäglich erfüllt: „Der Vater und ich sind eins." – Und so sind auch wir bewußt eins in der Bruderschaft, weil wir – ihr und Ich – Geschwister sind, Söhne und Töchter der unendlichen, ewigen Liebe.

O erkennet, ihr seid zum Abendmahl, zum inneren Mahl, zusammengekommen. Wie seid ihr gekommen? Seid ihr in der Geschwisterschaft gekommen, als Bruder, als Schwester? Oder dünkt ihr euch noch mehr? Dann beeilt euch, bevor die Bewährung ganz hinweggenommen wird. Und so ihr wahrlich als Bruder, als Schwester zum Tisch des Herrn gekommen seid, dann fühlt ihr euch eins untereinander und eins mit Mir, eurem Bru-

der, Christus. Und wer sich eins fühlt mit seinem Nächsten, der fühlt sich eins mit Mir und ist bewußt im Vater, und der Geist des Vaters bewußt in ihm. Er lebt dann in der Lebendigkeit des ewigen Gesetzes, und dieses ist Freude, innere, beseelende Freude.

Meine geliebten Brüder und Schwestern, seid ihr wahrlich in der Geschwisterschaft, so seid ihr in der Bruderschaft mit Mir. Und Ich sage euch: Es wird euch an nichts mangeln. Sodann werde Ich durch euch wirken und das errichten, was vom Himmel und tief aus der Erde kommt: das Reich des Friedens.

Die Engel der Liebe treten in eure Mitte. Sie tragen Schalen, gefüllt mit dem Lebenswasser. Sie gehen zu allen gerechten Brüdern und Schwestern, und sie bitten euch: Trinket. Trinket alle daraus. Dieses Wasser ist Balsam, ist Heil und Kraft, innerer Sieg und tiefe Freude. Trinket, trinket das Wasser des Lebens.

Sie treten auch vor all jene, die sich noch nicht als Kinder der Liebe fühlen, und stellen die Frage: Bruder, Schwester, willst du trinken? Wenn du jetzt umkehrst, dann trinke – denn das Wasser des Lebens ist Balsam. Es gibt dir Kraft und Stärke, auf daß du bereinigst, was du an Sündhaftem an dir erkennst und nicht mehr tust, auf daß du eingehst in die Schar der gerechten Brüder und Schwestern.

Trinket, ja trinket alle, die ihr Herz für Mich erschließen, den Christus Gottes. Trinket – und fühlet die Wesen des Lichtes. Ja, sie heiligen mit Mir diese Stunde, auf daß sie in die Ewigkeit eingeht zu Dem, der ewig ist: heilig, heilig, heilig.

Meine geliebten Brüder und Schwestern, die Boten Gottes und Ich, euer Bruder und Erlöser, teilen mit euch das Brot der Liebe. Ich gehe durch die Reihen, und die Wesen des Lichtes begleiten Mich. Ja, Ich berühre jeden einzelnen von euch und möchte mit jedem das Brot brechen. Und wer es bewußt mit Mir bricht und mit Mir zu sich nimmt, der nimmt die Essenz des Lebens in seine

Seele auf. Und die Seele erglüht mehr und mehr von der Fülle der Liebe, und der Seele wird es an nichts mangeln und so auch nicht dem Menschen.

So gehe Ich durch die Reihen, und Ich werde am Tisch des Ewigen Platz nehmen, stellvertretend für Ihn. Denn wir – ihr, die Gerechten, mit Mir, Christus – wirken für den großen Geist, auf daß die Herrlichkeit unter euch sein kann und der Ewige bei euch zu Tische sitzt und Ich mit Ihm als euer Bruder.

So berühre Ich euch mit dem himmlischen Frieden. Ja, Ich senke ihn in eure Herzen. Empfanget das Mahl der Liebe.

Friede

Anhang

Bücher und *Cassetten*

Das ist Mein Wort. A und Ω
Das Evangelium Jesu
Die Christus-Offenbarung, welche inzwischen die wahren Christen in aller Welt kennen

1104 S., geb., Best.-Nr. S 007, DM/SFr 25,-, ÖS 183,-
ISBN 3-89201-053-6
Kostenlos: 48seitige Leseprobe mit Auszügen aus dem Buch

Die großen kosmischen Lehren des Jesus von Nazareth an Seine Apostel und Jünger, die es fassen konnten

224 S., kart., Best.-Nr. S 136, DM/SFr 13,80, ÖS 101,-
ISBN 3-89201-109-5

Die großen kosmischen Lehren des Jesus von Nazareth an Seine Apostel und Jünger, die es fassen konnten
mit Erläuterungen von Gabriele

Band 1: 256 S., geb., Best.-Nr. S 317, DM/SFr 35,-, ÖS 256,-
Band 2: 270 S., geb., Best.-Nr. S 319, DM/SFr 35,-, ÖS 256,-
Band 3: 256 S., geb., Best.-Nr. S 320, DM/SFr 35,-, ÖS 256,-
Band 4: 262 S., geb., Best.-Nr. S 321, DM/SFr 35,-, ÖS 256,-
Band 5: 336 S., geb., Best.-Nr. S 322, DM/SFr 35,-, ÖS 256,-
Alle Bände zusammen nur DM/SFr 140,-, ÖS 1022,-

Ursache und Entstehung aller Krankheiten

Diese große Christus-Offenbarung gibt Einblick in die tiefsten geistigen Zusammenhänge der reinen Schöpfung und in die Vorgänge der Entstehung der Materie und des menschlichen Körpers. Wir erfahren auch, wie wir durch ein entsprechendes Denken und Leben über die Begrenzungen des ichbezogenen menschlichen Daseins hinauswachsen und in das kosmische Bewußtsein gelangen können. »Gesundheit, Glück und Freiheit liegen in uns selbst. Diese Offenbarung des Herrn zeigt uns den Weg dorthin.«
Christus gibt uns konkrete Hilfen und Hinweise, auch zur rechten Lebensführung und zum Umgang mit der Natur. Dieses Buch ist eine unerschöpfliche Quelle der Hilfe auf dem Weg zur Ganzheitsheilung.
348 S., geb., Best.-Nr. S 117, DM/SFr 35,-, ÖS 256,-
ISBN 3-89201-049-8

Vaterworte auch an Dich

Eine Offenbarung Gott-Vaters an Sein Kind – ein Juwel, das dem Leser die Nähe Gottes, unseres himmlischen Vaters, vermittelt, mit Wegweisungen, um aus dem menschlichen Ego herauszufinden, zu unserem wahren, ewigen Wesen.
142 S., geb., Format 11 x 15,5 cm, Best.-Nr. S 108,
DM/SFr 17,80, ÖS 130,-. ISBN 3-89201-070-6

Der Allgeist, GOTT, spricht unmittelbar durch Seine Prophetin in unsere Zeit hinein
Er spricht nicht das Bibelwort!

Viele der Offenbarungen des Gottesgeistes aus diesem Buch sind auch als Cassette erhältlich:

1. ICH BIN, und du bist in Mir – urewig, und du kehrst zurück durch Christus. Best.-Nr. C 301
2. Den einen Gott verschmäht ihr und glaubt an die ewige Verdammnis. Ich Bin der Gott der Liebe! Die Erde ruft Mich, den Schöpfer, um Erbarmen. Best.-Nr. C 302
3. Wer Mich kennt, der geht an Meiner Hand. Best.-Nr. C 303
4. Seid ihr Hörige dem Gott der Unterwelt und seinen Göttern? Best.-Nr. C 304
5. ICH mache alles neu. Best.-Nr. C 305
6. Wenn die Stunde schlägt ... Best.-Nr. C 306
7. Laß werden, was in den Himmeln ist. Best.-Nr. C 307
8. Sprecht ihr die Sprache der Liebe? Best.-Nr. C 308
9. Wo steht ihr? Zu Meiner Rechten? Best.-Nr. C 309
10. Seid ihr wahre Christen in Meiner Nachfolge? Best.-Nr. C 310
11. Willst du Mein Jünger, Meine Jüngerin sein? Best.-Nr. C 311
12. Spürt Mich gegenwärtig in euch. Best.-Nr. C 312
13. Gott atmet den Fall zurück. Das wahre Leben tut sich auf. Best.-Nr. C 313

Je DM/SFr 18,-, ÖS 131,-

Glaubensheilung - die Ganzheitsheilung

Ein Buch, das jedem nahebringt, worauf es im Leben wirklich ankommt und wie er seinem Tag das Beste abgewinnen kann. Gabriele, die Prophetin und Botschafterin Gottes, gibt detailliert Aufklärung über die Zusammenhänge zwischen Krankheit bzw. Gesundheit und unserer eigenen Lebensweise, und vor allem: Dieses Buch zeigt, wie wir den Strom der Lebenskraft in uns zum Fließen bringen können.

Aus dem Inhalt: Unser Körper kann von sich aus nicht erkranken · Urchristliche Glaubensheilung bedeutet Aktivierung des Glaubens an Christus · Die Kraftquelle GOTT vermag alles · Der Unterschied zwischen Geistheiler und urchristlichem Glaubensheiler · Eine Übung, um an uns selbst zu erfassen, wie unsere Gefühle und Gedanken auf unsere Atmung einwirken · Das Wort »unheilbar« grenzt die Hoffnung aus · u.v.m.

144 S., geb., Best.-Nr. S 330, DM/SFr 22,80, ÖS 166,-, ISBN 3-89201-108-7

*

Alle Ausgaben der nachfolgend aufgeführten Broschüre
*»**Der Prophet**« sind **kostenlos** erhältlich;*
auch unser Gesamtverzeichnis der Bücher
und Cassetten können Sie kostenlos anfordern bei:

Verlag DAS WORT GmbH
Max-Braun-Str. 2, 97828 Marktheidenfeld
Tel. 09391/504-135, Fax 09391/504-133

Internet: http//www.das-wort.com
e-mail : info@das-wort.com

Der Prophet

Die Stimme des Herzens, die ewige Wahrheit, das ewige Gesetz Gottes, gegeben von der Prophetin Gottes für unsere Zeit

Das Fundamentale in unserer Zeit zum Nachdenken und zur Selbsterkenntnis

Fragen an die Prophetin Gottes (1)

Fragen über Prophetie (2)

Die Stellung der Frau in der Gemeinde (3)

Der Aufbau des göttlichen Werkes und die Tat - die Betriebswirtschaft nach der Bergpredigt -, vom Geiste des Christus Gottes empfangen (4)

Verfolgung wegen Nachfolge Jesu. Das Glaubens- und Lebensbekenntnis der Urchristen im Universellen Leben (5)

Die Pirouetten des Lebens. Das Schicksal. Mein Schicksal, dein Schicksal, unser Schicksal, wessen Lebensplan? Der gerechte oder der ungerechte Gott? (6)

Das Leben der »Christen« im Jahreslauf (7)

Der sklavische Glaube und seine „Geheimnisse" (8)

Der Einheimische und der Prophet (9)

Der Jugendliche und der Prophet (10)

Wurde das Kirchenvolk kirchlich indoktriniert und gleichgeschaltet? Was ist Innere Religion - was ist äußere Religion? Was ist Freiheit - was ist Unfreiheit? (11)

Der Unbekannte, der sich selbst fremd ist. Brauchen wir „Heilige" als Fürbitter? Mutter Jesu - Mutter Gottes? Die Erbsünde. Dogma und Zwang zum Glauben. Die Nachfolge Jesu (12)

Schlagt die Bibel zu! Der Verrat an Jesus, dem Christus, und an den Propheten (13)

Der Atheist - ein Freund des Propheten? Das Sittengemälde der heutigen Zeit (14)

Tiere klagen – der Prophet klagt an! (15)